I0121676

Friedrich von Spee

Trutz-Nachtigall oder geistlich-poetisch Lustwäldlein

Desgleichen noch nie zuvor in deutscher Sprache gesehen

Friedrich von Spee

Trutz-Nachtigall oder geistlich-poetisch Lustwäldlein
Desgleichen noch nie zuvor in deutscher Sprache gesehen

ISBN/EAN: 9783337711467

Hergestellt in Europa, USA, Kanada, Australien, Japan

Cover: Foto ©Thomas Meinert / pixelio.de

Weitere Bücher finden Sie auf **www.hansebooks.com**

Trutz Nachtigal/

oder

Geistlichs Pöëtisch

Lust-Wäldlein/

Deßgleichen noch nie zuvor in Teutscher Sprach gesehen.

Durch

Den Ehrw: FRIDERICUM SPEE, Priestern der Gesellschafft JESU.

Jetzo auffs new vbersehen vnd zum vierten mahl in Truck verfertiget.

Cum facultate & approbatione superiorum.

Cöllen/
In verlag Wilhelm Friessems Buchhändlern/ im Ertz-Engel Gabriel in der Tranckgassen. Anno 1672.
Cum gratia & Privilegio Sac. Cæs. Maj.

Vorredt deß Authoris.

1. TRutz Nachtigal wird diß Büchlein genandt/ weiln es trutz allen Nachtigalen süß / vnd lieblich singet/ vnd zwar auffrichtig Poetisch: also daß es sich auch wohl bey sehr guten Lateinischen vnd anderen Poeten dörffte hören lassen.

2. Daß aber nicht allein in Lateinischer Sprach/ sondern auch so gar in der Teutschen / man recht gut Poetisch reden vnd dichten könne wird man gleich auß diesem Büchlein abnehmen mögen/ vnd mercken/ daß es nicht an der sprach/ sondern viel mehr an den Personen/so es einmal auch in der Teutschen Sprach wagen dörffen / gemanglet habe. Derohalben hab ich solchen zu helffen vnderstanden / vnd beflissen mich zu einer recht lieblichen Teutschen Poetica / die Baan zu zeigen/ vnd zur grösseren Ehren Gottes einen newen geistlichen Parnassum/ oder Kunstberg algemach anzutretten.

3. Solt nun solches dem Leser/ wie verhoffentlich/ wolgefallen/so sey Gott zu tausentmahl gelobt/ vnd gebenedeyet: dan je anders nichts alhie gesucht noch begehrt wird/ als daß Gott auch in Teutscher Sprach seine Poeten hette / die sein Lob vnd Namen eben so künstlich / als andere in ihren Sprachen singen vnd verkünden könten; vnd also deren Menschen Hertz/ so es lesen oder hören werden / in Gott vnd Göttlichen Sachen ein Gnügen vnd frolocken schöpffen.

4. Vnd zwar die Teutsche Wörter betreffend/ solle sich der Leser sicher drauff verlassen/ daß keines passirt worden/ so sich nicht bey gutem Authoren finden lasse: oder bey guten Teutschen bräuchlich seye/ ob schon alle vnd jede Wörter nit bey einer Statt oder Landt zu finden seyn; sonder ist das Privilegium oder Vollmacht Dialecten zu gebrauchen in acht genommen.

5. Neben dem ist fleiß angewendet worden/ daß so gar nichts vngleiches/hart rauh/ oder gezwungenes je dem Leser zun ohren komme/ wan nur der rechte Schlag

vnd Thon/ im ablesen der Versen beobachtet vnd ge-
troffen wird/ welches insonderheit in acht muß genom-
men werden. Nemblich in den Sprunck-Reym oder
Versen in Teutscher Sprach/ die sonsten Trochaische
Verß bey den Gelehrten genant werden / sonsten
seynd es Jambische Verßen / dan dieser arten/ sich
am meisten in vnser Teutscher Sprach fügen: Vnd
werden die Trochaische Reym also gelesen wie
das Pange lingua gloriosi, &c. oder Mein Zung
erkling vnd frölich sing: wie hie mit Schlägen gezeigt

-v	-v	-v	-v
-v	-v	-v	-v

stehet/ mit den anderen hats kein besondere beschwär-
nuß.

6. Es soll aber der Leser gute acht geben / daß er im
lesen keinen Buchstaben oder Syllaben zusetze oder
außlasse/ damit die Poetische Zahl vnd Maß der Ver-
sen nicht verändert / vnd der Schlag vnd Klang vn-
artig werde. Dan keine Syllabe zu viel oder zu wenig
ist / wan nur im abschreiben / oder im Truck nichts
verfehlet ist. Darumb mercke wol ob exempel weiß
geschrieben sey/

drauff		darauff
drum		darum
gang		gange
treib		treibe
creutz	oder	creutze
tags		tages
gehn		gehen
stehn		stehen.

vnd dergleichen andere wörtlein/ welche zuweilen eine
Syllabe machen/ vnd andersmahl zwo.

7. Was aber die quantität / mensur oder maß an
kürtze vnd länge der Syllaben angeht / wird dieselbe
am füglichsten genommen auß gemeinem vnd be-
wehrtem brauch der recht- vnd woll redenden Teut-
schen / also daß hie ein delicat oder zahrt gehör von
nöthen ist / vnd accens vrtheil. Dan in gemeiner
sprach

Sprach die Syllaben für lang gehalten werden/ auff welche der Accent fällt/ vnd die anderen für kurtz. Zum Exempel: Bruder hat zwey Syllaben/ die erste ist bey einẽ Teutschen lang / dan ja ein Teutscher nicht sagt Bruder/ ꝛc. Doch muß man in den Trochaischen Versen (will es rund bekennen) zu zeiten nachsehen/ vnd die Außsprach etwas glimpfflicher lencken / nach dem Sprung derselben Versen; ist aber also lind angeordnet / daß entweder der Leser es gar nicht vermercken noch achten/ vnd auch die Ohren nicht verletzen wird. Vnd auß diesen merck-puncten entstehet die Lieblig-keit aller Reym-Versen / welche sonsten gar vngeschliffen lauten / vnd weiß mancher nicht / warumb sonst etliche Verß so vngeformbt lauten/ weil nemblich der Author kein acht hat geben auff den Accent.

Approbatio & facultas R. P. Provincialis.

EGo Godefridus Otterstedt Societatis Iesu per Provinciam Rheni inferioris præpositus Provincialis, potestate mihi factâ ab Admodum Reverendo P. N. Vincentio Caraffa Societatis Iesu præposito Generali , facultatem do Wilhelmo Frissemio juxta privilegium Cæsareum Societati concessum typis mandandi Librum, cui titulus Philomela, Trutz Nachtigal: Item Librum, cui titulus, Gülden Tugendt-Buch / oder Vbung der fürnembsten Tugendten/ Glaubens/ Hoffnung/ vnd Liebe. Authore P. Friderico Spee ejusdem Societatis conscriptos, & per deputatos ad id Patres lectos & approbatos. Coloniæ 13. Martii 1649.

Godefridus Otterstedt.

I.

Wan morgen röth sich zieret mit zartem
Und sitzsam sich verlieret der nächtlich
rosen glantz,
sterne tantz:
gleich lustet mich spatziren in grünen
lorberwald, alda dan musicieren die pfeifflein
mannigfalt.

Eingang zu diesem Büchlein/ Trutz Nachtigal genant.

WAn Morgenröth sich zieret
Mit zartem rosen glantz/
Und sitsam sich verliehret
Der nächtlich Sternen-dantz:
Gleich lüstet mich spatziren
In grünen Lorberwaldt:
Alda dan musiciren
Die Pfeifflein mannigfalt.

2. Die flügelreiche Schaaren/
Das Federbürschlein zart
In süssem Schlag erfahren/
Noch kunst noch athem spart:
Mit Schnäblein wohl geschliffen
Erklingens wunder fein/
Und frisch in Lüfften schiffen
Mit leichten rüderlein.

3. Der hole Waldt ertönet
Ab ihrem kraussen sang:
Mit Stauden stoltz gekrönet
Die Krufften geben klang:
Die Bächlein krumb geflochten
Auch lieblich stimmen ein/
Von Steinlein angefochten
Gar süßlich sausen drein.

4 Die sanffte Wind in Lufften

Auch ihre Flügel schwach
An Händen / Füß / vnd Hüfften
Erschüttlen mit gemach:
Da sausen gleich an Bäumen
Die Lind gerührte Zweig/
Zur Music sich nit säumen;
O wohl der süssen Streich!
5. Doch süsser noch erklinget
Ein sonders Vögelein/
So seinen Sang vollbringet
Bey Mon vnd Sonnen schein.
Trutz-Nachtigal mit Nahmen
Es nunmehr wird genant/
Vnd vielen Wildt vnd Zahmen
Obsieget vnbekant:
6. Trutz-Nachtigal mans nennet/
Ist wund vom süssem Pfeil:
Die Lieb es lieblich brennet/
Wird nie der Wunden heil.
Gelt/ Pomp/ vnd Pracht auff Erden
Lust/ Frewden es verspott/
Vnd achtets für beschwerden/
Sucht nur den schönen Gott.
7. Nur klingelts aller Orthen
Von Gott vnd Gottes Sohn;
Vnd nur zun Himmelpforten
Verweisets allen thon:
Von Bäum zun Baumen springet/
Durchstreichet Berg/ vnd Thal/
Im Feldt vnd Wälden singet/
Weiß keiner Noten Zahl.
8. Es thut gar manche Fahrten/

Ver-

Verwechßlet Ort/ vnd Lufft;
Jetzt findet mans im Garten
Betrübt an holer Klufft;
Bald frisch vnd frewdig singlet
Zu sampt der süssen Lerch/
Vnd loben Gott vmbzinglet
Den Oel- vnd andern Berg.

9. Auch schwebets auff den Waiden/
Vnd wil beyn Hirten sein/
Da Cedron kombt entscheiden
Die grüne Wisen rein;
Thut zierlich sammen raffen
Die Verßlein in bezwang/
Vnd setzet sich zum schlaffen/
Pfeifft manchen Hirtensang.

10 Auch wider da nit bleibet/
Sichs hebt in Wind hinein/
Den lären Lufft zertreibet
Mit schwancken Federlein:
Sich setzt an grober Eichen/
Zur schnöden Schedelstat;
Wil kaum von dannen weichen/
Wird Creutz/ noch Peinen satt.

11. Mit ihm wil mich erschwingen/
Vnd manchen schwebend ob
Den Lorber-Crantz erfinden
In teutschem Gottes lob.
Dem Leser nicht verdriesse
Der Zeit/ vnd Stunden lang:
Hoff ihm es noch erspriesse
Zu gleichem Cither-sang.

Die Gespons Jesu lobet ihren Gelieb-ten mit einem Liebgesang.

1. DIe reine Stirn der Morgenröth
   War nie so fast gezieret/
Der Frühling nach dem Winter öd
   War nie so schön muntiret/
Die weiche Brust der Schwanen weiß
   War nie so wohl gebleichet/
Die gülden Pfeil der Sonnen heiß
   Nie so mit Glantz bereichet:
2. Als Jesu Wangen/ Stirn vnd Mundt
   Mit Gnad seynd vbergossen?
Lieb hat auß seinen Äuglein rundt
   Fast tausent Pfeil verschossen;
Hat mir mein Hertz verwundet sehr/
   O wee der süssen Peine!
Für Lieb ich kaum kan rasten mehr/
   Ohn vnderlaß ich weine.
3. Wie Perlen klar auß Orient
   Mir Zähr von Augen schiessen:
Wie Rosenwässer wolgebrent
   Mit Thränen vberfliessen.
O keusche Lieb/ Cupido rein/
   Alda dein Hitz erkühle/
Da tunck dein heisse flüttig ein/
   Daß dich so starck nit fühle.
4. Zu scharpff ist mir dein heisser Brand/
   Zu schnell seynd deine Flügel:
Drumb nur auß Zähren mit verstand
   Dir flechte Zaum vnd Zügel.
Kom nit so streng/ mich nit verseng:

Die reine Stirn der morgenröth war
Der fröling nach dem winter od war
nie so fast gezieret,
nie so schön muntiret
Die weiche brust der
Schwanen weiß war nie so wol gebleichet, die gülden
pfeil der sonen hin nie so mit glantz bereichet.

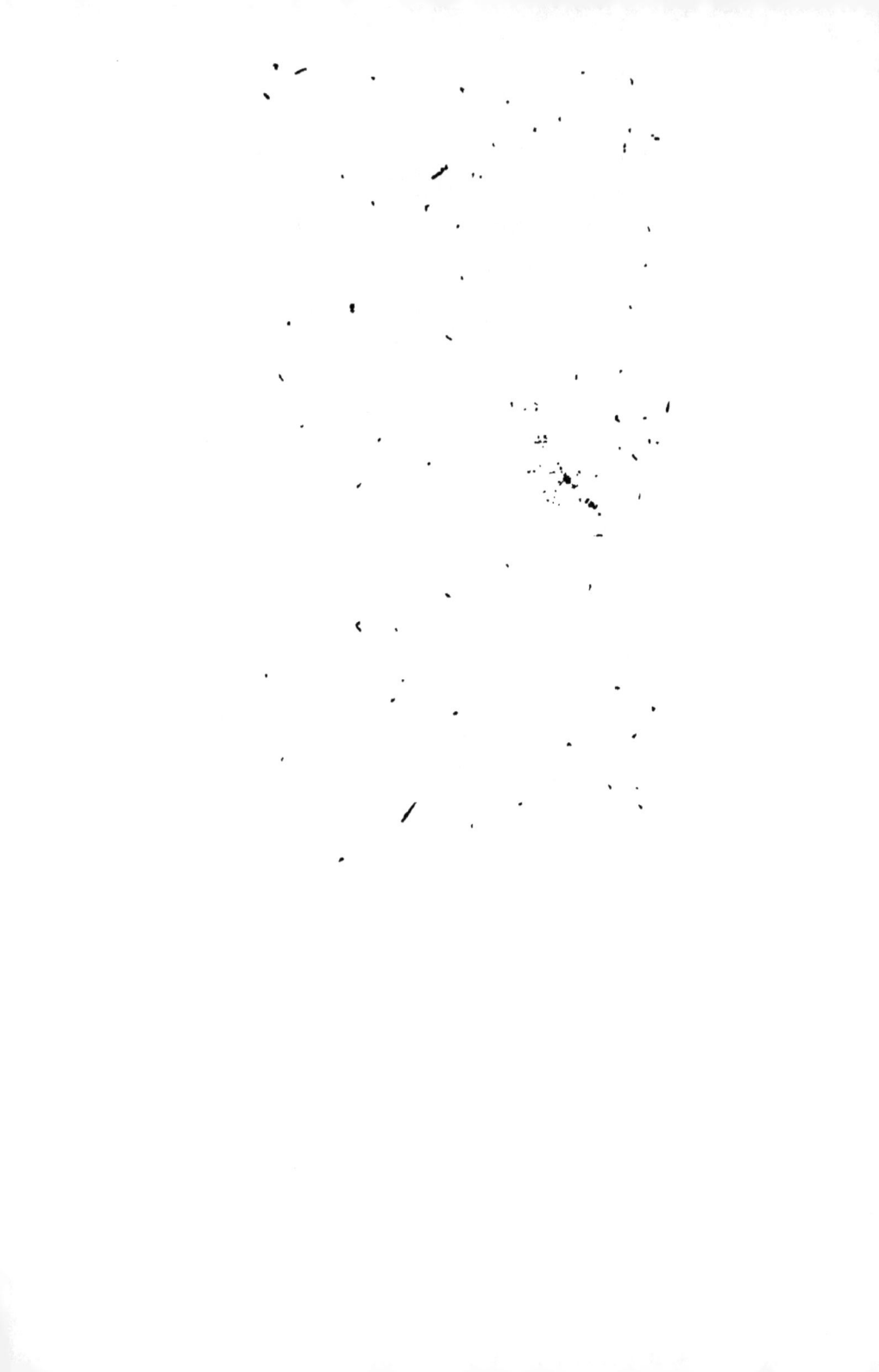

Nit brenn mich gar zu Kohlen?
Halt Ziel vnd Maß/ dich weisen laß/
Doch brauch der linden Stralen.
5. O Arm vnd Hände JESV weiß/
Ihr Schwesterlein der Schwanen/
Vmbfasset mich nit lind/ noch leiß/
Darff euch der Griff ermahnen.
Starck hefftet mich an seine Brust/
Vnd satt mich lasset weinen:
Ich ihn erweich/ ist mir bewust/
Vnd wär das Hertz von Steinen.
6. O JEsu mein/ du schöner Heldt
Lang warten macht verdriessen:
Groß Lieb mir nach dem Leben stelt/
Wan soll ich dein geniessen?
O süsse Brust! O Frewd vnd Lust!
Hast endtlich mich gezogen:
O miltes Hertz!
All Pein vnd Schmertz
Ist nun in Wind geflogen.
7. Allhie wil ich nun rasten lind/
Auff JESV Brust gebunden:
Allhie mag mich Cupido blind
Biß gar zu Todt verwunden.
Am Hertzen JESV sterben hin/
Ist nur in Lüsten leben;
Ist nur verlieren mit gewinn/
Ist Todt im Leben schweben.

Die Gespons Jesu klaget ihren Hertzen Brand.

1. Gleich früh wan sich entzündet
Der silber weiße Tag;
Vnd vns die Sonn verkündet/
Was Nachts verborgen lag:
Die Lieb in meinem Hertzen
Ein Flämlein stecket an;
Das brint gleich einer Kertzen/
So niemand löschen kan.

2. Wan schon ichs schlag in Winde/
Gen Ost vnd Norden brauß;
Doch Ruh/ noch Rast ich finde/
Last nie sich blasen auß.
O wee der Qual/ vnd Peine!
Wo soll mich wenden hin?
Den gantzen Tag ich weine
Weil stäts in Schmertzen bin.

3. Wann wider dan entflogen
Der Tag zur Nacht hinein/
Vnd sich gar tieff gebogen
Die Sonn vnd Sonnenschein;
Das Flämlein so mich quelet
Noch bleibt in voller Glut;
All stund/ so viel man zehlet/
Michs je noch brennen thut.

4. Das Flämlein das ich meine/
Ist JESV süsser Nam;
Es zehret Marck vnd Beine/
Frißt ein gar wundersam.
O süssigkeit in schmertzen!

O schmertz

O Schmertz ohn Süssigkeit!
Ach bleibe doch im Hertzen/
Bleib doch in Ewigkeit.

5. O schon in Pein/ vnd Qualen
Mein Leben schwindet hin/
Wan Jesu Pfeil vnd Stralen
Durchstreichet Muth vnd Sinn/
Doch nie so gar mich zehret
Die Liebe Jesu mein/
Als gleich sie wider nehret/
Vnd schenckt auch Frewden ein.

6. O Flämlein süß ohn massen!
O bitter auch ohn ziel!
Du machest mich verlassen
All ander Frewd/ vnd Spiel;
Du zündest mein Gemühte.
Bringst mir groß Hertzen leidt/
Du kühlest mein Geblüthe/
Bringst auch ergötzlichkeit.

7. Ade zu tausent Jahren/
O Welt zu guter Nacht:
Ade laß mich nun fahren/
Ich längst hab dich veracht.
In Jesu Lieb ich lebe/
Sag dir von Hertzen grund;
In lauter Frewd ich schwebe/
Wie sehr ich bin verwundt.

Die Gespons Jesu spielet im Walde mit einer Echo oder Widerschall.

1. IN grünem Waldt ich newlich saß/
Gen einer Steinen Klausen;

Da kam durch zartes Laub vnd Graß/
Ein sanfftes Windlein sausen.
Ein Brünlein klar/
Bey seiten war/
So frisch/ vnd frölich spritzet/
Ein Bächlein rein
Auch eben fein
Von holem Felsen schwitzet.

2. Der schöne Frühling schon begunt/
Es war im halben Mertzen/
Da seufftzet ich von Seelen grundt/
Der brandt mir schlug vom Hertzen.
Ich JESVM rieff
Auß Hertzen tieff/
Ach JESV thät ich klagen:
Da hört ich baldt
Auch auß dem Walde
Ach JESV/ deutlich sagen.

3. Gar laut es mir zun Ohren kam;
Dacht/ jemandt wär im Waldt:
Michs drumb nit also wunder nam/
Noch merckets also balde.
Ich sah mich vmb/
Vnd wider vmb/
Ach JESV rieff beyneben:
Alsbald in eyl/
Wie schneller Pfeil/
Ach JESV rieff es eben.

4 Ich dacht es wurd auch jemand seyn/
Den JESV lieb möcht brennen?
Vnd sprach: nun bin ichs nit allein/
Ach möcht ich ihn dan kennen!

Ich

Im grünen wald ich newlich sass,
Da Kam durch zartes laub und gras,
gen einer Steiner Klausen; Ein brunlein Klar, bey
ein sanfftes windlein sausen.
seiten war, so frisch, und frölich spritzet, ein bächlein rein auch
eben fein von holem fels en schwitzet.

Ich rieff/ Hola!
Vnd schnell/ wer da;
Ob Leuth fürüber giengen:
Da thats Hola!
Vnd schnell/ wer da;
Im selben Thon erklingen.
5. Ich sprach; hicher/ hicher gar hell/
Vermeint zu mir solls kommen:
Da sprachs hieher/hieher gar schnell/
Doch niemand hab vernommen.
Ich dacht bey mir:
Er ruffet dir/
Mich ließ nach ihm entführen;
Trat auff die Bein
Zum Wald hinein;
Da kont ich niemand spüren.
6. Ach laß dich sehn; Ich suche dich/
Rieff abermahl behende:
Da rieff es mir/ Ich suche dich/
Die letzte Wort vom Ende.
Ich wiederumb
In kurtzer summ;
Weil suchest mich komb here?
Da gab es nur/
Als wie zuvor/
Die letzte Wort von fehre.
7. Ey/ dacht ich dan ist wunderlich:
Ruff ich; rufft er mir wieder;
Such ich nun ihn/so sucht er mich:
Mein Haupt ich sencket nider.
Da fiel mirs ein/
Es möchte sein

Mein Jesus den ich liebe/
Dems brechte Lust/
Das vnbewust/
Er mich in schertz vmbtreibe.

8. Ich sprach: bistu dan Jesus nicht/
vnd seufftzet auß dem Grunde.
Da sprach es deutlich Jesus nicht:
Vnd seufftzet auch zur stunde.
Ey wer bist dan?
Mir zeig es an/
Gar freundlich thät ich fragen?
Doch nichts gewan:
Weil/ zeig es an/
Zu mir es auch thät sagen.

9. Bald Jesu rieff ich vberlaut/
Ach, JESU/ mehr/ vnd mehre:
Da rieff es JEsu gleich so laut/
Ach. JESU/ gleich so sehre.
Gschwind ich gedacht:
Man deiner lacht/
Nur hebe dich vonhinnen:
Weil jeder zeit/
Ohn recht Bescheidt/
Man hie mag nichts gewinnen.

10. Ich sprach: was werd ich machen dan:
Weil nit wilt recht bescheiden.
Drauff bald (als viel ich kont verstahn)
Es riethe mir zu scheiden.
Ja scheiden zwar:
Ich muß fürwar/
Bey dir ich nichts erjage:
Doch eines dich,

Muß

Muß fragen ich:
Nur dieses mir noch sage.
Mein/ wo dan Jesum treff ich an ?
Ist dirs halt unverborgen?
Da seiner wolts kein wissen han;
Gab nur das Wort verborgen?
Ey dan dich troll/
Rieff ich im groll/
Fahr hin in Gottes Nahmen:
Ich auch tratt an/
Vnd wolte gahn/
Da klang von weiten Amen.
12. Alsdan mit hellem Ach vnd Ach
Die Brust ich schlug im schmertzen:
Gleich selbe Wort/ mit selbem Schlag
Schien thät es auch von Hertzen.
Ich sprach zu letzt/
Hab gnug geschwetzt/
Wer auch soll dich thun schweigen?
Drauffs endtlich noch/
Mit halbem poch/
Gar deutlich sagte: Schweigen.
13. Wohlan so schweige schnell ich rieff:
Schnell rieff es auch; so schweige.
Da macht ich mir gedancken tieff/
Das Haupt hinunder neige:
Das Haupt ich senck/
Vnd endlich denck/
Ob wohl (wan mich würd wenden)
Es auch bereit
Von solcher seit
Mir antwort solte senden.

14. Drumb kehr mich vmb/ vnd schawen wil/
Ruff hin mit gantzer stärcke:
Da bleibts an jener seiten still/
Kein Wörtlein ich vermercke.
Drauff wider wand
Zur ander Hand/
Recht zu den holen Steinen;
Dan hört ich stät/
Als offt ich redt/
Ein Stimm/ fast gleich der meinen.

15. Har/ har/ ich nun hab funden dich,
Rieff laut/ weil ichs verstunde:
Da rieff es auch; hab funden dich,
Nur Wort auß meinem Munde.
Als dan zu Handt
Hab erst erkant/
Weils einer seits nur redte/
Daß nur der schall:
Mit gleichem hall
Mit mir gespielet hette.

16. Ich rieff bistu der Widerschall?
Hieß willkom ihn beyneben:
Da rieff es laut der Widerschall.
Auch willkom mir thäts geben.
Als dan bereit
Wir alle beyd
Noch weiter thäten spielen:
Weil ohne maß/
Ohn vnderlaß/
Die Fugen vns gefielen.

17. Wolan/ wolan/ O Widerschall/
Weil einmahl dich hab funden;

Ich spielen will mit dir im Ball
Hinfürter manche Stunden.
Der Ball so dir
Dan kompt von mir
Soll heissen Jesus Nahme/
Der Ball so du
Solt schlagen zu/
Soll seyn auch Jesus Nahme.
18. In diesem Waldt/bey diesem Thal
Gar offt ich wil spatziren/
Vnd mich mit dir/ O Widerschall/
Gar freundlich verlustiren.
O süsser Schall!
O schöner Ball!
Mit dir wil vielmahl spielen!
Biß zu dem Grab
Nit laß ich ab/
Wan schon all Himmel fielen.
19. Mein Jesum wil nun tausentmahl
In Wälden lahn erklingen:
Mit mir auch sollen vberall
Die Bäum vnd Stauden springen.
Das Laub vnd Graß/
Wans mercken das
Mit müssens auch zum Reyen:
Vnendtlich mahl/
Durch Berg/ vnd Thal
Wil Jesum frölich schreyen.
20. O Jesu/ liebster Jesu mein/
Wie brent mir mein geblüte!
Nun bitt ich dich/ Ey laß es seyn
Durch deine grosse Güte:

Daß Tag vnd Nacht
In stäter Wacht/
Die Welt von dir nur singe;
Vnd immerdar/
Das gantze Jahr
Vor dir auß Frewden springe.

Die Gespons Jesu seufftzet nach ihrem Bräutigam/vnd ist ein Spiel der Nachtigalen mit einer Echo vnd Widerschall.

1. ACh wan doch Jesu liebster mein/
Wan wirst dich mein erbarmen?
Wan wider zu mir kehren ein/
Wan fassen mich in Armen?
Was birgest dich;
Was kränckest mich?
Wan werd ich dich vmbfangen?
Wan reissest ein/
All meine Pein/
Wan schlichtest mein verlangen?

2. O wilkom süsse Nachtigal
Kombst mir zur rechter Stunde:
Erfrisch den lufft mit bestem Schall
Erschöpff die kunst von grunde.
Ruff meinem Lieb/
Er nit verschieb?
O Jesu ruff mit Kräfften?
Ruff tausendtmahl/
Ruff ohne zahl/
Wer weiß es je mögt häfften.

3. Ach ruff/ vnd ruff/ O Schwester zart
Mein Jesum zu dir lade:

Mir

17.

IV

Ach wan doch Jesu liebster mein, wan wirst du
wan wieder zu mir kehren ein? wan fassen
mein erbarmen?
mich in armen?
Was birgest dich? was kränckest mich? wan
wenn ich dich umbfangen? wan reissest ein, all meine
pein? wan schlichtest mein verlangen?

Mir trewlich hilfft zu dieser fahrt;
Dan ich in Zähren bade.
O schwester mein/
Sing süß vnd rein:
Ruff meinem Schatz mit nahmen.
Dan kurtz/ dan lang/
Zieh deinen Klang:
All Noten greiff zusamen.

4. Wol an? scheint mich verstanden hat:
Die Meisterin in Wälden:
Ihrs albereit geht wol von statt/
Die Färblein schon sich melden.
In starcker zahl
Nun manches mahl/
Den Thon sie schon erhebet/.
Weil auch der Schall
Auß grünem Thall
Ihr freundlich widerstrebet.

5. Da recht du fromme Nachtigall/
Du jenem schall nit weiche:
Da recht/ du trewer widerschall/
Du stäts dich ihr vergleiche.
Zur schönen wett
Nun beyde trett/
Mein Jesum last erklingen;
Ob schon im streit
Der schwachste seit
Am Leben solt mißlingen.

6. Die Nachtigal den Schall nit kendt/
Vnd helts für ihr Gespielin:
Verwundert sich wies mög behendt
So gleichen Thon erzielen.

Bleibt wenig stumm:
Schlägt widerum:
Denckt ihr bald obzusiegen:
Doch wiederpart
Machts gleicher art/
Kein Pünctlein bleibt verschwiegen.
7. Bald stieget auff die Nachtigall
Je mehr/ vnd mehr/ vnd mehre;
Gleich folget auch der Widerschall/
Wans je noch höher wäre.
Drumb zierlich fecht/
Vnd stärcker schlägt
Das Frewlein reich von stimmen/
Steigt auff/ vnd auff/
Gantz ohn verschnauff:
Doch thuts der Schall erklimmen.
8. Alsdan gehts über Ziel/ vnd Schnur:
Das Hertz möcht sich zerspalten;
Sie sucht es in B. moll/ B. dur/
Auff allerhand gestalten:
Thut hundertfalt
Den Baß/ vnd Alt/
Tenor/ vnd Cant durchstreichen;
Doch Stim/ vnd Kunst
Ist gar vmbsonst/
Der Schall thuts auch erreichen.
9. Da kitzlet sie dan Ehr/ vnd Preiß
Mit gar zu scharpffen Sporen/
Erdenckt noch schön- vnd schnöder weiß/
Meint sey noch nicht verlohren.
All Muth vnd Blut/
Vnd Athem gut

Versamlet sie mit hauffen
Wil noch zum Sieg/
In schönem Krieg
Mit letzten Kräfften lauffen.
10. Ey da kracht ihr so mühtig Hertz
Gleich Thon/ vnd Seel verschwinden:
Da löschet sich die gülden Kertz/
Entzückt von starcken Winden.
O mühtigs Hertz!
O schöne Kertz!
O wohl/ bist wohl gestorben.
Die Lorber Cron/
Im letzten Thon
Du doch noch hast erworben.
11. Dan zwar ein Seufftzerlein gar zart
Im Todt hast lan erklingen/
Daß so subtil dein Widerpart
Mit nichten mögt erschwingen:
Drumb ja nit lieg;
Dein ist der Sieg;
Das Cräntzlein dir gebühret/
Welchs dir allein
Von blümlein fein/
Ich schon hab eingeschnüret.
12. Ade dan falbe Nachtigal/
Von falbem Todt entfärbet:
Weil nun du ligst im grünen Thal/
Sag/ wer dein Stimmlein erbet?
Könts je nit seyn
Es würde mein?
O Gott könt ichs erwerben!
Wolts brauchen stät

So früh/ so spät/
Biß auch im sang ihr sterben.
13. Nun wil ich doch in diesem Waldt/
Bey deinem Grab verbleiben?
Hoff mich mit ihren Pfeilen bald
Begierd/ vnd Lieb entleiben.
Will ruffen starck
Zum todten Sarck
Biß mein Geliebter komme:
Einhalten will
Mich in der still
Biß letzt ich gar erstumme.

Die Gespons Jesu beklaget sich daß sie nimmer ruhen könne.

1. DJe Lieb/ ohn Wehr vnd Waffen
Mich hat genommen ein:
Gibt immer mir zu schaffen/
Mag nie zu frieden sein.
Doch nur mir kombt von oben/
Von Jesu solcher Streit/
Hab weit von mir geschoben
Die weltlich Vppigkeit.
2. Nur Jesu Lieb mich zehret/
Nur Jesus kräncket mich:
Was Qual mir widerfähret/
Von Jesu reget sich.
Von ihm was Pein ich leide/
Was Fewr/ vnd Hertzen-Brandt/
Ich niemand recht bescheide/
Wers nit hat selbst erkandt.
Wan früh vor hellen Tagen

Die lieb ohn Wehr und waffen hat mich ge
Gibt immer mir zu schaffen, mag nit zu
nommen ein:
Doch nur mir Kompt von oben von JESU
fridtn sein.
solcher Streit hab weit von mir geschoben all welt lich
üppig-keit.

Die Morgenröth auffgaht/
Vnd kaum ihr Pferd/ vnd Wagen
Mit Rosen kleidet hat:
Dan auch in vollen stralen/
Wan Sonnenliecht besteht/
In lauter Pein vnd Qualen
Ichs treib zum Abend spåth:
6. Ja solt ich je noch hoffen
Als dan auch Rast/ vnd Ruh/
Wan můd/ vnd matt geloffen/
Der Tag sich riglet zu:
Wan lieblich vbergossen
Die Thier mit süssem schlaff/
Wan Arbeit all beschlossen/
Wan feyret alle straff.
5. Da wolt ich Leyd vnd Klagen
Fast halber legen ab/
Noch sols mich also plagen
Was nun zu tragen hab.
Nun ist es ja vergebens
Ich nimmer kom zu Rast/
Die Tag ich meines Lebens
Verzehr in ståtem Last.
So vngestümb nichts sinde/
Das nicht eins höre auff:
Man merckets an dem winde/
Wie er so offt verschnauff:
Wan er ein weil geflogen/
Die schlåg er schüttlet auß/
Helt sich drauff eingezogen:
Ohn Ruh nit scheidt von Hauß:
7. Das Meer wans wůt ohn massen/

Mags doch nit lang bestähn:
Pflegt bald sich niderlassen /
Nimbt ruh begierlich ahn:
Ich newlich merckets toben /
Wehrt etlich stunden kaum:
Da war all macht zerstoben /
Zerschmoltzen aller Schaum.
8. Der Wanders Man ermattet /
Auff starck / vnd stäter Reiß;
Beym grünen Bäumlein schattet /
Streicht ab den sawren Schweiß /
Ja frey / solts anders gelten /
All Arbeit in gemein /
Mit Ruh / nit also selten /
Pflegt vnderbrochen sein.
9. Warumb thut mich dan plagen
Die Lieb ohn vnderlaß?
Das nie kein Punct mag sagen /
Wan ich ohn Schmertzen waß.
Ohn vnderlaß ich klage /
Für stätem Hertzenleyd:
Bey Nacht / vnd auch bey Tage /
Scheint mir nur saure zeit.
10. Die Lieb mich setzt in leyden /
O JESV liebster mein!
Wer wil von dir gescheiden
Nit stäts in Qualen seyn?
Der Feynd mich kombt vmbringen /
Er meiner lacht / vnd spott /
Fragt hönisch auch mit singen /
Wo sey mein schöner Gott;
11. Drumb stätig naß von Zähren /

Die Seufftzer steigen auff:
Sie stündlich sich vermehren/
Unzahlbar wird der hauff:
Die Thränen mich ernehren/
Seynd meine Speiß und Tranck
Von Zähren muß ich zehren/
Weil bin von Liebe kranck.

12. Ach wan doch wird erscheinen
Der schön und weiße Tag?
Wan eins nach stätem weinen/
Ich stät/ und sicher lach.
Wan Schmertzen/ Krieg/ Alarmen
Wird seyn in Fried verzehrt/
Wan JESU dich mit armen
Ich frölich binden werd?

13. O wan/ und wan wird scheinen
Das rein/ und liechtes Liecht/
Das alle Klag und Peinen
In mir zumahl vernicht;
O Gott nun laß es scheinen/
Laß scheinen uber all/
Daß wir nit ewig weinen
In diesem Zähren Thal.

Die Gespons JEsu klagt noch ferner ihre Lieb.

1. WAn Morgenröth
die Nacht ertödt
Mit ihren gülden Stralen/
Wach ich zu Gott/
Zu meinem Gott/
Ruff jhn zum offtermahlen.

2. Ich

2. Ich wach zu Gott/
Zu dir mein Gott
Mein Augen zu dir kehre/
Vnd ruff dan frey/
Mit mattem Schrey/
Mich dürst nach dir so sehre.

3. Ich wein zu dir/
Seufftz mit begier/
O liebster meines Hertzens!
Mein trewer Gott/
Ist mir kein spott/
Die Lieb mich setzt in Schmertzen.

4. Bin matt vnd müd/
Fast ohn Geblüt/
Die Kräfften seynd erlegen:
Die gantze Nacht
Hab viel gewacht/
Ich kaum die Zung mag regen.

5. Mein Hertz von mir/
Weicht gar zu dir/
O Gott mein Trost alleine!
Seufftzt also viel/
Ohn Maß vnd Ziel/
O wee der schwären Peine!

6. Mit starckem Brand/
Ist dir bekant/
Bin ich so gar befangen:
O süsses Band:
Laß ab zu hand/
Sonst tödt mich groß verlangen.

7. Drumb Gott nur eil/
Dan deine Pfeil

VI.

26.
21.
28.
Wan morgenröht dienacht ertodt
mit ihren gul den stralen, Wach ich zu Gott,
zu meinem Gott, ruff ihn zum of- ter mahlen.

Recht spielen mir zum Leben/
Ich sterbe schier/
Das glaube mir/
Mit Noth ich bin vmbgeben.
8. Wan ich nit bald/
Bey dir erhalt
Daß deiner mög geniessen/
Wird also stracks/
Wie weyches Wachs/
Das Hertz in mir zerfliessen.
9. Mit wahrem Mundt/
Auß Hertzen grund/
Ich sprich mit thewren Worten:
Hab ruh/ noch rast/
Ich leb im Last/
Fast aller end/ vnd orthen.
10. Ich wohnet stät
In wüsten öd
Da meint ich ruh zu finden;
Nun ist kein Landt
So vnbekandt/
Da nicht die Lieb kom hinden.
11. Wan ich vermein/
Weit weg zu sein/
Gefreit für ihren Pfeilen;
Da rüst sie sich/
Verfolget mich/
Vnd wärens tausent meilen.
12. O Gott vnd Herr/
Was wär so fern/
Da sie nit gleich solt kommen/
Kein rast/ noch ruh/

Nun finden thu/
Lieb hat mich vbernommen.
13. Wan dein Begierd/
Mein Hertz regiert/
Für leidt kan ich nit sprechen;
Für süsser noth/
Für süssem todt/
Das Hertz möcht mir zerbrechen.
14. Süß ist der Schmertz/
Gesundt das Hertz/
Für frewd ich muß ermatten:
Ja kranck das Hertz/
Herb ist der schmertz/
Bey Sonnenschein ist schatten.
15. Bald diese stundt
Ich bin verwundt/
Vnd sinck für todt darnider;
Bald selbe stundt
Ich bin gesundt/
Steh auff/ vnd lebe wider.
16. O wunder Dunst!
O kühle Brunst!
Wer wolt es je vermeinen/
Daß brenn/ vnd kuhl/
Als jetzt ich fühl/
Die lieb das marck in beinen?
17. Die Lieb ist Fewr/
O abenthewr!
Ist Wasser auch imgleichen:
Bringt Hertzen leid/
Bringt Hertzen frewd/
Muß eins dem andern weichen.

18 Offt mannigfalt/
Ich bin mißstalt/
Werd vmb / vnd vmb getrieben/
Het nie gedacht
An solche Macht/
Als ich fieng an zu lieben.

19. All mein Gemüth/
All mein Geblüt
Mir thut für Frewden wallen/
So nur allein/
O Gott/ mir dein
Gedächtnüs ein komt fallen.

20. Dein edler Stamm/
Dein süsser Nam
Verwundt mir mein Gemüthe:
Dein Angesicht/
Dein Augen Liecht/
Entzündt mir mein Geblüte;
Wan ich zu Nacht
Von dir betracht/
Mit Lieb/ vnd Last beladen/
Mein Augen beyd/
Für Frewd vnd Leyd
In warmen Zähren baden.

22. O starcke Lieb!
O Hertzen dieb!
Was wilt mit mir viel pochen?
Vergebens mich
Setz wieder dich:
Mein Seel hast du durchstochen.

23. Nim vollends hin/
All meine Sinn/

Nim alles weg zur Stunden:
Bin lauter dein/
Vnd gar nit mein/
Geb gantz mich vberwunden.

24. Ach/ach/wie geh
Wird mir so weh!
Kan reden mehr noch dichten/
Die Sprach besteht/
Vnd Krafft vergeht/
Begierd mich hin wil richten.

Liebgesang der Gespons Jesu/ im Anfang der Sommerzeit.

1. DEr trübe Winter ist fürbey/
Die Kränich widerkehren.
Nun reget sich der Vogel schrey/
Die Nester sich vermehren.
Laub mit gemach
Nun schleicht an Tag/
Die Blümlein sich nun melden.
Wie Schlänglein krumb
Gehn lächlend vmb
Die Bächlein kühl in Wälden.

2. Der Brünnlein klar/vnd Quellen rein
Viel hie/viel dort erscheinen/
All silber-weisse Töchterlein
Der holen Berg/vnd Steinen.
In grosser mäng
Sie mit gedräng
Wie Pfeil von Felsen zielen
Bald rauschens her/
Nit ohn gepler/

Vnd mit den steinlein spielen.
3. Die Jägerin Diana stoltz/
Auch wald- vnd wasser Nymphen/
Nun wider frisch vnd grünen Holtz
Gahn spielen/schertz vnd schimpffen.
Die reine Sonn/
Schmuckt ihre Cron/
Den Kocher füllt mit Pfeilen:
Ihr beste Roß/
Läst lauffen loß/
Auff marmer glatten Meilen.
4. Mit ihr die kühle Sommer-wind/
All Jüngling still von sitten/
Im lufft zum spielen seynd gesinnt/
Auff Wolcken klein beritten:
Die Bäum vnd Aest
Auch thun das best/
Bereichen sich mit schatten:
Da sich verhalt
Das Wild im wald/
Wans pflegt von Hitz ermatten.
5. Die meng der Vöglein hören last
Ihr Schyr- von Tyre- lyre/
Da sauset auch so mancher Nast/
Sampt er mit musiciere/
Die Zweiglein schwanck
Zum Vogelsang
Sich auff sich nider neigen;
Auch höret man
Im grünen gahn
Spatzieren Laut- vnd Geigen.
6. Wo man nur schawt/fast alle welt

Zun Frewden sich thut rüsten:
Zum Schertzen alles ist gestelt/
Schwebt alles fast in Lüsten.
Nur ich allein/
Ich leyde Peyn/
Ohn End ich werd gequelet/
Seyt ich mit dir/
Vnd du mit mir/
O Jesu/dich vermählet.
7. Nur ich/O Jesu/bin allein
Mit stätem Leyd vmbgeben/
Nur ich/muß nur in schmertzen seyn/
Weil nit bey dir mag leben.
O stäte Klag!
O wehrend Plag/
Wie lang bleib ich gescheiden?
Von grossem wee/
Daß ich nit seh/
Mir kombt so schwäres leiden.
8. Nichts schmäcket mir auff gantzer Welt/
Als Jesu Lieb alleine:
Noch spiel/noch schertz mir je gefelt/
Biß lang mir Er erscheine:
Vnd zwar nun frey
Mit starckem Schrey
Ruff ihm so manche Stunden:
Doch nie kein Tritt/
Sich nahet nit/
Solt michs nit hart verwunden?
9. Was nutzet mir dan schöne Zeit?
Was glantz/was schein der Sonnen?
Was Bäum gar lieblich außgebreit?

Was klang der klare Brunnen/
Was Athem lind
Der kühlen Wind/
Was Bächlein krum geleitet?
Was edler Mey/
Was Vogelschrey/
Was Felder grün gespreitet?

10. Was hilfft all Frewd/ all spil/ vnd schertz?
All Trost/ vnd Lust auff Erden?
Ohn ihn ich bin doch gar in Schmertz/
In Leyd vnd in Beschwerden/
Groß Hertzenband
Mich tödt zuhand/
Weil Jesu dich nit finde:
Drumb nur ich wein/
Vnd heul/ vnd grein/
Vnd Seufftzer blaß in Winde.

11. Ade du schöne Frühlings Zeit/
Ihr Felder/ Wäld vnd Wisen/
Laub/ Graß vnd Blümlein new gekleid/
Mit süssem Taw berisen:
Ihr Wässer klar/
Erd/ Himmel gar/
Ihr Pfeil der gülden Sonnen/
Nur Pein vnd Qual/
Bey mir zumahl/
Hat vberhand gewonnen.

12. Ach Jesu/ Jesu trewer Heldt/
Wie kränckest mich so sehre?
Bin jedoch hart vnd hart gequelt/
Ach nit mich so beschwere.
Ja wiltu sehn/

All Pein vnd Peen
Im augenblick vergangen;
Mein augen beyd/
Nur führ zur weid/
Auff dein so schöne Wangen.

Die Gespons Jesu sucht ihren Geliebten/ vnd findt ihn im Garten / alda er gefangen wird.

1. HEint spät auff braunen Rappen
Der Mont im starckem lauff/
Gundt Mitternacht ertappen/
Mit ernsten triebe drauff:
Nit manglets an Trabanten/
An Sternen klar vnd hell/
An gleichen Liechts-Verwanten/
Welch ihn begleitet schnell.
2. Da fand ich mich entlassen/
Von wunder schwärem Traum;
Blickt auff zun blawen strassen/
Kent Mont vnd Sternen kaum.
Bald Jesu dir von Hertzen
Ich schick ein seufftzer tieff/
So gleich zum Himmel-Kertzen
Recht auff in Lufften lieff.
3. Ach trewe Mon/vnd Sternen/
Zeigt an den schönen Heldt:
Von Euch ich mögt erlernen/
Wo schlaget er die Zelt;
Mir thut von Jesu sagen/
Wo rastet er zur Ruh?
Denck nit ohn Grauß vnd Zagen/

Was mich geträumet nu.

4. O Tochter jung von Jahren/
Zu mir ein Flämmlein sprach/
Er seinen weissen Scharen/
Den Schäfflein folget nach:
Er treibet sie zur Walden/
Zum grünen Erd Gemüß/
Zum Wasen underscheiden
Mit vielen Blümlein süß.

5. Schaw dorten jetzt im Garten/
Am Oel-belandten Berg/
Er ihnen auß-thut warten/
Und weidets uberzwerch:
Dort findens unverdrossen
Auch Tranck bey schönem Graß/
Weil Cedron kombt geflossen
Zu nechst in feuchter Straß.

6. Danck habt ihr schöne Sternen/
Ihr gülden Främlein rein/
Von euch das mögte lernen/
Wo sey der liebste mein.
Treibt er die Schaaff zur walden/
Zum grünen Erd-Gemüß?
Zun Wasen underscheiden/
Mit vielen Blümlein süß;

7. Und treibet ers in Garten/
Am Oel-belandten Berg.
Thut er dort ihrer warten/
Und weidets uberzwerch/
Wollan in eyl geschwinde
Mich will dan machen auff/
Den Jüngling biß ich finde/

Wil reysen ohn Verschnauff.
8 Zum Garten als ich kame/
O wee/was Angst vnd Noth!
Der Hirt schon Vrlaub nahme/
Sich schickt so gar in Todt:
Das Leben auff der Schwellen/
Auff offnen Lefftzen saß/
Sich thät zum scheiden stellen/
Gesann der dunckeln Straß.
9. Ab falber Stirn/vnd Wangen/
Füß/Händen/Marmer-weiß/
Die tropffen anher trangen/
Von weiß/vnd rothem Schweiß.
O liebster mein auff Erden/
O Jesu schöner Hirt!
Ach wie nun/was Gebärden/
Sag an/was immer wird?
10. Wer thäte dich erschrecken.
Sag an/was dir geschehn?
Ich schwör bey deinem Stecken/
Bey dir wil trewlich stehn.
Bey dir ich wil verbleiben/
Sag an wers dir gethan?
Vnd solt man mich entleiben/
Von dir nit wil ich lan.
11. Drauff bandt ich ihn in Armen/
Küst ihn mit süssem Truck:
Gleich schallet ein Alarmen/
Da wand ich mich zu ruck/
Als viel mich kont vmbgreiffen
Mit meinen Augen beyd/
Ich Mörder sah durchstreiffen

Die

Die Felder weit vnd breit.

12. Beyn Fackeln vnd Laternen/
Ein Rott gewaffnet gantz/
Von Waffen gab von fernen
Gar breiten eysen Glantz.
Bald ruckten sie zum Garten/
O wee dem Liebsten mein!
Mit Spyesen/Beyl/vnd Barten/
Zur Thür sich trangen ein:

13. Zugleich die Zähnen kirten/
Grißgrammten vngeschewt:
Den halber todten Hirten
Sie griffen an zur Beut.
O wee/mir nun geschwinde/
Mirs Hertz in Stück zerbricht/
Ach nit/nit ihn doch bindet/
Den Jüngling greiffet nicht.

14. Ach schönet seiner Haaren/
Der gülden Haaren sein:
Ach schönet seiner Schaaren/
Der zarten Lämmerlein.
Wer will nach ihm dan weiden
Die Schäfflein silber-weiß?
Nun wird vnunderscheiden/
Das wüllen Völcklein preiß:

15. Schaw: sie schon ins wilde
Die wollgebrichte Schaar/
Sich gar ohn Schutz vnd Schilde
Verwicklet in Gefahr
Ach schönet nur der Herden/
Der Hirt auch selber schrie:
Mit mir laßt euch gewerden.

Sprach Er/ mich schawet hie.
16. Mich greiffet/ schleiffet/ schlaget/
Ja mich nun schlachtet gar:
Nur nit/ ach nit verjaget
Die reine wüllen schaar.
Nur mich zum Todt vnd leyden/
Mich reisset ohn Verbott/
So nur mag friedlich weiden
Die silber-schöne Rott.
17. Last frey die Schäfflein lauffen/
Die schwanen-weisse Zucht/
Last gehn den schönen Hauffen/
So nur man mich gesucht.
Den Todt ich mir will kiesen
Für meine Lämmerlein:
Ade nun Wäid vnd wiesen/
Es muß gestorben seyn.
18. O JESV du so wunder/
Vnd wunder guter Hirt!
O warlich mit besonder
Begierd/ vnd Lieb geziert:
Wiltu den Todt erkiesen
Für deine Lämmerlein?
Vnd lassest waid vnd wiesen/
Weils muß gestorben seyn?
19. Ey da will dich begleiten/
Du gut- vnd bester Hirt:
Weich nit von deiner Seiten/
Gott geb was widerfährt.
Was nemblich ich erblicket
Zuvor im schwärem Traum/
Walt Gott/ sichs nunmehr schicket

Die Gespons Jesu sucht ihren Bräutigam / vnd findet ihn auff dem Creutz-weg.

1. DJe reine Sonn zu Morgen
In sanfften Haaren bloß /
Den Brand noch trug verborgen
In ihrem purpur Schoß:
Da gab ich mich zu Felde /
Laut rieffe meinem Schatz /
Der vber Gold vnd Gelde
Bey mir gefunden Platz.

2. Auff grüner Heyd vnd Matten
Bey krausem Lorberbaum /
Ich spreitet mich in Schatten /
Sanck ab in süssen Traum:
Bald wider ich erwachet /
Mein Jesum fande da /
So lieb vnd freundlich lachet /
Zu mir tratt aller nah.

3. Er gleich zu mir thät zielen
Mit reinem Augenblitz:
Auff mich mit Hauffen fielen
Die Stralen voller Hitz:
Die Pfeil da kamen loffen
Von seinen äuglein thewr /
So mir das Hertz getroffen /
Mit bitter-süssem Fewr.

4 Von seinem gläser Bogen
Zu mir mit süssem Schein
Die süsse Flämlein flogen /

Auß beyden Fensterlein.
O wee! wan ich der Stunden/
Wan ich der Zeit gedenck/
Auß frisch genetzter Wunden
Ich Hertz/ vnd Wangen tränck.
5. Ich dachte sein geniessen/
Den ich so lang gesucht/
Wen wolt es nit verdriessen/
Von mir er nam die Flucht.
Er sprang durch Feld vnd Wisen
Frisch fertig wie der Windt:
Den Lauff mögt ihm erkisen/
Ein frisches Hirschen Kindt.
6. Ihr Töchter keusch vnd reine/
Von Sion wol bekandt/
Zu Todt ich mich noch weine/
Für Lieb/ vnd Hertzen-Brandt.
Nun saget mir in trewen/
Wo dan sich finden laß/
Der seither mich gehr schewen
Mit je zu starckem Paß.
7. Ich aller Orth vnd Plätzen
Dem Jüngling streiche nach/
Ach woltet ihr nur schwetzen/
Wen weg er schleissen mag.
Ach woltet mich nur weisen/
Den Pfad mir zeigen an:
Nach ihm ich wolte reisen/
Durch hoch vnd niderban.
8. Ja du zuvor vermelde/
Wer ist der Liebste dein/
Sag vns/ von diesem Helde/

Sag an/wer er mag seyn.
Vns laß den Jüngling wissen/
Vns mag denselben kund/
So dir steht abgerissen
In deinem Hertzen wund.
9. O Töchter hoch gepriesen/
Nembt war den Liebsten mein/
Nach Balsam süß/vnd Bisem
Riecht ihm der Athem seyn;
Sein Haupt auch raucht/vnd windet
Nach Zimmet/vnd Zibeth/
O seelig wer nur findet
Jesum von Nazareth.
10. Die Morgenröth erbleichet/
Vnd scheinet gleich dem Koth/
So nur man sie vergleichet
Gen seine Wänglein roth.
Sonn/Mon hat ihm entstolen
Von seiner Stirnen rein
All ihren Glantz vnd Strolen/
Den Gold vnd Perlen Schein.
11. Corall/vnd Purpur/Seyden
Gleich jedes auch erwarb
Von seinen Leffzen beyden
Die schöne Rosenfarb.
Ist weiß vnd roth beyneben/
Von rotem Trauben-schaum/
Den er erpreßt von Reben
Mit schwärem Kelter-Baum.
12. Händ/Füß hat er gefarbet
In außgepreßtem Wein/
In Roth hat er verarbet

So weisses Helffenbein:
Ach zeiget mir die Strassen/
Sich wo nun er verhelt;
O Gott/ wer mögt vmbfassen
Den weiß- vnd rothen Held!
13. O Mägdlein wir dich fragen
Ist er dan roth/ vnd weiß?
Thut er die Farben tragen
Von rothem Trauben Schweiß?
Hat er Händ/ Füß gefarbet
In außgepreßtem Wein/
Hat er in Roth verarbet
So weisses Helffenbein?
14. Wol da dan/ wir dir zeigen/
Wer Orthen er mag seyn;
Zum Creutzweg thu dich neigen/
Dort findest ihn allein.
Alda pflegt er zu schwitzen
In rothem Kelter-Hauß/
Alda die Brünnlein spritzen/
Mit sanfft vnd lindem Sauß.
15. Alda pflegt er auch brechen
Die rothe Röselein:
Ob schon die Dörner stechen/
Sich tröstet er der Pein.
O Töchter hoch beflissen
Soll ich zum Creutzweg gan?
Ja frey dan sollet wissen/
Will dapffer tretten an.
16. Gleich ich zum Creutzweg kame/
Gleich rieff dem Liebsten mein;
Gleich dort ich ihn vername

Bezecht in bitter wein:
Die stirn er hat bestecket
Mit rothen Blümelein/
In Händen außgestrecket/
Er trug zwo Rosen fein.

17. Den Ruch als ich empfande
Von beyden Rosen roth/
Im eylen mir geschwande/
Bey viel zu süsser Noth.
Er leinet mich in Armen/
Mich hälset ohn Verdruß/
Und freundlich thät erwarmen
Mit manch- und manchem Kuß.

18 Die Bächlein er mir klebet
Auff meine wangen beyd/
Mich gütlich legt und hebet
An seine purpur seit:
Da gund ich mich erholen/
Kam wider zu Verstand/
O wee! doch lag in Kohlen/
In herb- und süssem Brand.

19 O Süssigkeit in Peinen!
O Pein in Süssigkeit!
Alhie doch will ich leinen/
Biß gar in Ewigkeit.
Alhie nun will ich rasten/
Mit JESV meinem Helde.
Ade Golt/Gelt in Kasten/
Ade nun alle welt.

Spiegel der Liebe/

In Maria Magdalena / da sie nach dem Jüdischen Osterfest am grossen Sabbath morgens früh ihren Jesum in dem Grab gesucht. Joan. am 20. cap.

1. DIe Sonn sampt ihren Rossen
Späth Oesterlich bezecht/
Mit Schlaff noch obergossen
Weit früh kaum wachen recht:
Da fand ich schon bey Zeiten/
Am Grab im trawren stehn/
Vnd Salb vnd Büchs bereiten
Die weinend Magdalen.

2. Zwar gleich/ wan je zu weilen/
Zur Frühlings morgen-stund/
Mit ersten Sonnen-Pfeilen/
Mit erster Hitz verwund/
Herab von Berg vnd Steinen/
Von Felßen hoch vnd geh
Zerfleust in sanfftes weinen
Der lind entlassen Schnee:

3. Fast eben gleicher massen
Das Weib von lieb verwund/
In lauter Zähr zerlassen/
Zerfloß in Thränen rund.
Begierd mit heissen Pfeilen
Ihr beyde Augen schmeltzt/
Vnd abwerts beyder Theilen
Die runde Tröplein weltzt.

4. O wee der schwachen Mergen!

O wee/dem Hertzen Wund!
Kont Lieb/noch Brand verbergen/
Sie sprach von Seelen-grund:
Ach Sonn dich heb mit Machten/
Zum Grab nun herwarts leucht.
Auff/auff/mach kurtze Nachten/
Der Tag zu lang verzeucht.

5. Leucht her/zur linck vnd rechten/
Spreit vberall mit fug/
Die gülden Haar/vnd Flechten/
Daß ich mein Liebsten such/
Leucht her mit Striem vnd Stralen/
Leucht her zum holen Grab/
Wer weiß/ob ich der Qualen
Mögt heut noch kommen ab?

6. Drauff sie zum Felsen rücket/
Wil dan mit Augen drein/
Zur Klufften einher bücket/
Wird Wund mit frischer Pein.
Den Liebsten sie nit findet/
Für ihn da thut ersehn
(O schier nun ihr geschwindet)
Nur seiner Englen zween.

7. Ach nit/nit euch/ihr Knaben/
Ihr Jüngling flügelreich/
Ach euch wil sie nit haben/
Weicht ab von dannen gleich.
Nur Jesum sie den einen/
Vnd einen sucht allein/
Wil sonst vnd liebet keinen?
Ohn ihn sie nit kan seyn.

8 In Eyffer ohn verweilen

Sie ruffet ihm zur Stunde;
Mit süßlich-herben Pfeilen/
Laufft/geht/vnd steht verwundt.
Am Grab sie drauß/vnd drinnen/
Dort/hie/sucht dran/vnd drumm/
Noch scheidet je von hinnen.
Lugt/schawt nach ihm hinumb.
9 Doch freylich sie mit nichten/
Vnd freylich nit versteht;
Verwirrt in blinden Pflichten/
Wen/wo sie suchen geht;
Mit Lieb ist ihr vergeben/
Mit blindem Hertzen Gifft:
Sie sucht im Grab das Leben/
Zum Zweck bey seiten trifft.
10 Sie sucht in schwartzen Kohlen
Ein purpur schönen Glantz;
Von Zweigen welck wil holen
Ein grünen Lorber Crantz;
Sie Rosen wil von Reben/
Von Dörnen lesen Wein/
Von Scherben Goldt erheben/
Vom Schatten klaren schein.
11. O Weib so gar verblendet!
So gar von Lieb entäugt!
Die Schrifft bleibt vnverwendet/
Die Warheit nimmer leugt:
Wan du noch suchst in Steinen/
Im Grab/vnd Todtenruh/
Schon geht auff besten Beinen/
Vnd mehr nit stirbet nu.
12. Der Todt kont ihn entleiben/

Vnd einmahl stechen ab:
Im Todt kont er nit bleiben/
Nit saumen in dem Grab:
Dem Todt er ist entwichen/
Dem Haut-vnd Beinen Knecht
Hat ihm so gar durchstrichen
Das fald-vnd bleiches Recht:
13. Er ihm von falben Grentzen
Entlieff mit vollem Trab/
Vnd stachel/pfeil vnd sensen/
Ihm stahl gantz redlich ab.
Den Bogen auch vnd Kocher
Er ihm gleich warff zu Fewr:
lacht auß dem stoltzen Pocher/
Sampt seinem Grab gemaur:
14. Drumb nur dir laß gesagen/
Nur laß von Trawren ab:
laß ab/laß ab von Klagen/
Nochs Leben such im Grab.
Ach/ ach/sie doch thut klagen/
Laßt nit von Trawren ab/
Laßt ihr so gar nit sagen/
Sie doch noch sucht im Grab.
15. Doch wer wils ihr nit schencken/
Vnd freundlich vbersehn;
Ihrs niemand soll verdencken/
Bey straff dergleichen Peen?
Von Lieb ist ihr gestohlen/
Vor Lieb all sinn vnd witz/
Verdolt auff süssen Kohlen/
Sie tobt in grosser Hitz.
16. Verstand sampt hirn vnd sinnen/

Gedancken/Hertz vnd Muth/
Im Grab mit JESV drinnen
Sie ließ in seiner Hut:
Weil er nit mehr nur drinnen/
Weil er nun zogen drauß;
O wee nun ihrer Sinnen!
Auch sie seynd flohen auß.
17. Ohn Sinn vnd ohn Gedancken/
Die Merg ohn Seel vnd Hertz/
Bald hin/bald her geht wancken/
Geht schweben allerwerts:
Sie selbsten geht verlohren/
Vnd forschet mit Geschrey/
Sampt ihrem Außerkohren/
Wo sie wol selber sey.
18 Doch selber sie von Hertzen
Wolt schon verlohren gahn/
Nur ihn kans nit verschertzen/
Nur ihn wils wilder han.
Für ihn wolt sie verlohren
Wol ewig bleiben auß/
So nur den Außerkohren
Man ihr doch brächt nach Hauß.
19. Sie seufftzet/achtzet/weinet.
Klagt, heulet immerdar/
Erd/Himmel sie vermeinet
Wol mögt zerspringen gar.
Sie leyden mögt von oben
Die runde Tempel schön/
Nur kämen gar gestoben
Herab er mit Gethön.
20. Sie sprach: weil mir entzogen

Ist Hertz/ vnd Lieb vnd Frewd/
Ihr Himmel rund gebogen
Mögt ab noch heulen heut.
O Sonn/ du deinen Wagen
Magst heut noch stürtzen vmb/
Ichs woll will vbertragen/
Im danckeln still/ vnd stumm!
21. Weil einmahl mir entstolen
Mein einigs Hertzen-Liecht/
Darff ich nun deiner Strohlen/
Darff ich nun deiner nicht.
Ade Liecht/ Lufft vnd Leben/
Ade schnee-weisser Tag/
Mich deiner will begeben/
Dich mehr nit schöpffen mag.
22. Drauff müd vnd matt zur Erden
Sie sittlich nidersitzt/
Vnd kläglich in Gebärden
Hin/ her mit Augen blitzt:
Verliebt/ verwirrt/ verworren
Sie leydet Fewr vnd Peyn/
Marck/ Blut vnd Bein erdorren/
Die Zähr auch trücknen ein.
23. Bald wider doch von Wangen
Ein doppels Bächlein wischt/
Das Hertz mit Hitz befangen/
Mit feuchtem Guß erfrischt/
Die Seuffer auch sich heben/
Vnd wider winden starck/
Sie wider thut sich geben
Zum Grab vnd läten Sarck.
24. Ach Liebster mein von Ehren/

Mir schier es wird zu viel;
wirst bald nit widerkehren/
Geb ich verlohren Spiel.
Ohn Leben ich noch lebe/
Bin todt ohn Todt zugleich/
Todt lebend immer strebe/
wo nur ich dich beschleich.
25. O Todt/O Menschen Prasser/
O vngeheures Thier/
Auch Fewr/Lufft/Erd/vnd wasser/
Ihr Elementen vier:
Auch Stät vnd Landt/vnd Felder/
was mehr ich nennen mag/
Laub/Graß/vnd Bäum/vnd Wälder
Gebt Ohren meiner Frag.
26. Ey wo? was Orth/vnd Landen
Mögt je zu finden seyn
Die Leich noch frisch in Banden/
Das todte Leben mein
wer? wo doch? kan mir zeigen
Den Cörper wunden voll?
Ach nit/nit wollet schweigen/
weß mich getrösten soll.
27 Erhebet Schall/vnd Stimmen/
Vnd ihm doch machet kund/
Er mich mit süssem Grimmen/
Mit kühlem Brand verwundt.
Von kühlem Fewr vnd Flammen/
Von bitter süsser Glut/
Von Lieb vnd Leyd zusammen
Mir schmeltzet Hertz vnd Mut.
28. Bald/bald mich vnderstützet

Der trübe winter ist fur bey, die kranich wider keh-
ren, nun reget sich der vogel schrey, die nester sich vermehren:
laub mit gemach nun schleicht an tag; die blumlein sich nu melde, wie
schlänglein krumb gehn lächlend umb die bächlein kuhl in wälden.

Mit Laub/vnd Blümlein zart/
Mit Zweiglein abgenähet
Von Aepfflen bester Art:
Auß Rosen mit bereitet
Gar weich die Ligerstatt;
Auch Lilgen häuffig spreitet/
Ich sinck zur Erden matt.

29. Von ihm ich hat geglaubet/
Daß nie zu keiner weil
Solt werden mir geraubet
Der best erwöhlte Theil.
Schaw da/wie schon hats fehlet!
Wie schon zu dieser Weil/
Ist weg/wen ich erwehlet/
Der best/vnd einzel Theil.

30. Nun war von ihm geschrieben
Zu ihm wer wachet früh/
Er gleich/auff sein belieben/
Solt finden ihn ohn müh.
Schaw da/bey guten Stunden
Ich hab gewachet früh.
Doch ihn ich nit hab funden/
Nach viel gepflegter müh.

31. Er zwar vor wenig Tagen
War mir nit wenig holdt:
Weiß nit was zugetragen
Sich seither haben solt:
Weiß nit/noch mags errichten/
Wo/wann? womit? vnd wie
An meinem Fleiß vnd Pflichten
Ichs ließ erwinden je.

32. Beym Creutz mich hab lan finden/

Hab ihm die purpur-Füß
Gefühlt mit Hertzen Winden/
Mit meinem Athem süß:
Zum Grab hab ihn getragen
Mit vollem todten Recht/
Und nach vollbrachtem Klagen
Hab ihn da niderlegt.
33. Dan wider bin gelauffen
Vom Cörper wöll verstarckt/
Mehr Salben einzukauffen/
Am besten Myrrhen Marckt:
Nur fest ich habs verehret
Mit Osterhafften Ruh/
Gleich heut bin widerkehret
Gantz früh zum Grab hinzu.
34. Und wie dan habs verschuldet/
Womit hab ihn entrüst?
Daß aller Gnad enthuldet
Ich ihn verlieren must?
Was war nun mein verbrechen?
Was meine Fehl/ und Sünd?
An mir ich wolt sie rechen/
So nur ichs wissen künt.
35. Ja warlich doch hab fehlet/
Es jetzt mir kombt in Sinn/
Die Schuld bleibt nit verhälet
Ich dran selbst schüldig bin.
Als wir den Schatz begraben/
Die Wunden-reiche Leich/
Versperrt ich solt mich haben
Ins Grab mit ihm zugleich.
36. Mich solt han lassen schreiben

Mit ihm zur Klufft hinein;
Mit ihm ich solt verbleiben
Im Sarck/ vnd Felsen sein.
Wer ihn dan hat entstohlen/
Wer ihn getragen wegk/
Gleich dem dan auff die Sohlen
Ich wär gefolget keck.

38 Von dem hätt nie gelassen/
Hett allweg heulet nach/
Vnd aller Orth/ vnd Strassen
Erklungen ach/ vnd ach:
Dem Räuber ich mit greinen
Hett Hertz/ vnd muth erweicht/
Er mir auff stätes weinen
Den Raub hätt hergereicht.

39 Nun ist/ vnd bleibt entwendet/
Bleibt auß ohn widerkehr/
Nach wem ich abgesendet
So manch/ vnd manchen Zähr.
Seyt ihn ohn mich versperren/
Hab lan in Felsen ein/
Mir lufft vnd wind zerzerret
Die Zähr vnd Seufftzer mein/

40 Mein stätes heul/ vnd klagen
Vnfruchtbar hin vnd her/
Von winden wird getragen/
Vnd trieben vber Meer.
In Stätten er/ noch Felden
Ist nun zutreffen an;
Vmbsonsten auch in wälden
Wol würd ich suchen gahn.

41. Doch will nit gar verzagen/

Im Grab wil suchen bas/
Vnd einmahl noch durchschlagen
Den Sarck in guter Mas.
Vielleicht er war noch drinnen/
Vielleicht habs vbersehn/
Allweil von stätem rinnen
Mein Augen fast vergehn.
41. Villeicht er lag verschoben
Da drunden irgent wa/
Daß nicht in eyl von oben
Ich ihn kont mercken da.
Villeicht er war verborgen
Mit Leinwath bas bedeckt/
Welch ihm zu mehrer Sorgen
Hett jemandt aufgelegt.
42. Villeicht wir auch gestanden
Im Weg die Jüngling seyn/
Daß nit/was ja verhanden
Ich recht hab nommen ein.
Villeicht auch gar zu morgen
Im Grab nit leuchtets gnug:
Es freylich steht zu sorgen;
Ist werth/ich weiter such.
43. Die Wort hat kaum vollendet
Die weinend Büsserin/
Zum Grab sich wider wendet/
Lugt immer hin/vnd hin.
Der Leib doch war entzogen/
Der Sarck noch lähr vnd bloß/
All Hoffnung schier entflogen/
Das Leyd noch eben groß.
44. Nur jene Knaben beyden/

So droben zohen an/
Sie fragten gar bescheyden/
O weib was weinest dan?
Sie sprach: fragt ihr noch beyde/
Was ich mög weinen dan/
Man mir (euch recht bescheide)
Nahm ab den schönen Man;
45. Drum Jüngling frisch vnd lebend/
Euch hebet auß dem Grab:
Sucht vberall durch schwebend/
Wen ich verlohren hab.
Auff eylend/auff/ihr Knaben/
Ihr schöne Diener fein/
Nach ihm thut zeitlich traben/
Nit lasset ihn allein.
46 Gleich drauff sie sich entwendet
Von Felsen/mit Verdruß;
Auffs new die Zähr verschwendet/
Mit noch so starckem Guß.
Als dan ihr kam erscheinen
So lang gewünschter Held;
Für ihr er stund auff Beinen/
Doch frembd/vnd vnvermeldt;
47. O weib/was lauffest greinen?
Sag an/was dir gebricht.
Vnd ach/solt ich nit weinen?
Das weib hin wider spricht.
Hastu nun ihn entstohlen/
Wo brachtest ihn doch hin?
Ich ihn will dannen holen/
Kom sonst vmb hirn vnd sinn.
48. O weib/vnd woltest holen/

Vnd wolteſt heben du/
Den Cörper dir entſtohlen
Auß ſeiner Todten-ruh?
Vnd wie? wan er dan eben
In Kett vnd Bänden läg?
Sie ſprach/ich ihn wolt heben/
Die Ketten ich zerbräch.
49 Vnd wie? wan er ſolt ſtecken
In Dornen gantz vmbringt?
Sie ſprach; von Dorn/vnd Hecken/
Man doch die Roſen bringt.
Vnd wie? wan er vmbgeben/
Mit Fewr/vnd Flammen wär?
Sie ſprach: michs Fewr ließ leben/
Die Lieb mich brennet mehr.
50 Vnd wie? wan er von Bären
Vnd Löwen wurd verwacht?
Sie ſprach: wolt mich erwehren
Auch wol der wilden Macht.
Vnd wie? wan er wär tragen
In Schiffen vber Meer?
Sie ſprach: ich nach wolt jagen
Mit gleichem Schiff Gewehr.
51. Vnd wie? wan er verſuncken
Dan läg im Waſſer ſauß?
Sie ſprach: ſeynd viel ertruncken/
So doch man fiſchet auß.
Hör auff: ich deiner fragen/
Hör auff/bin ſauber ſatt:
Sag du/wer mich zu plagen
Den Cörper ſtohlen hat?
52. Haſt du nit ihn entſtohlen?

Dich zwar hab ich verdacht;
Sags an/ich ihn muß holen/
Hab schon es offt gesagt:
O recht/vnd recht hats troffen/
Das Weib hats troffen fein:
Recht wol ist eingeloffen
Der Pfeil zur scheiben ein.
53. Er/Er hat ihn entstohlen/
Vnd Er hat ihn entführt:
O Weib sey dirs befohlen/
Die Rechnung ihm gebührt.
Du fehlend ja nit fehlest/
Die sach nit wissend weist:
Wen du verdächtig zehlest/
Jst schuldig allermeist.
54. Er selbst es vngelogen/
Vnd ers in warheit ist/
Wer dir den Schatz entzogen/
Gen wen verwundet bist?
Nur schnell fall ihm zun Füssen.
Halt an den Thäter fest;
Leg ihn/den Raub zu Füssen/
Mit armen in arrest.
55. O JESV nit verschiebe/
Den Dunst beyseiten treib:
Dich kund nun einmahl gibe
Dem höchst betrangtem Weib.
Nur bald/nur laß erschallen/
Laß ihr zum höchsten lust
Ein kleines wörtlein hallen/
Ein wörtlein dir bewust.
56. Er schon ihm läst gesagen;

Vnd wie zum morgen gut
Der Blitz mit zarten schlägen/
Ein Flämlein zeichen thut:
Mit Nahmen er sie rühret/
Er nur Maria klingt:
Gleich sie das Flämlein spüret/
Gleich auff in Frewden springt.
57 Ihr marck in Beinen wallet/
Vnd wider lebend Blut
Im süssen Sod erwallet/
Vnd farbet hertz vnd muth.
O Gott/vnd wer mit worten
Mögt je nun zeichnen ab/
Waß Jubel mancher Sorten
Alsdan sie trieben hab.
58. Mir Stimm vnd Zung erstarren/
Mir bresten Red vnd wort/
Ichs nimmer auß würd harren;
Würd finden Grund noch Bord/
Die Feder schon sich sencket/
Die Dinten trucknet ein:
Wen je die Lieb gekräncket
Mags nur betrachten fein.
59 Den Boltz wer je gefühlet/
Geschwind in süssem Brand:
Im Brand/so wärmt vnd kület/
Mags greiffen mit Verstand.
Allein/allein mags wissen/
Vnd ihm recht bilden ein/
Wem je die Lieb durchrissen
Leib/Seel/vnd Marck/vnd Bein.

Thu auff, thu auff, du schönes blut, sich Gott zu
O sünder greiff nun hertz, und mut, hör auff die
dir wil kehren wer buss zu rechter Zeit ver richt der
sünd zu mehren
der heist leben Gott will den todt des sünders nicht,
wan wiltu dich ergeben:

Ermahnung zur Buß an den Sünder daß er die Burg seines Hertzens Christo auffmache/ vnd einraume.

1. THu auff/ thu auff/ du schönes Blut/
Sich Gott zu dir will kehren.
O Sünder greiff nun Hertz vnd Muht/
Hör auff die Sünd zu mehren.
Wer Buß zu rechter Zeit verricht
Der soll in Warheit leben/
Gott will den Todt deß Sünders nicht/
Wan wiltu dich ergeben?

2 Vergebens ist all Rath/ vnd That/
Was wiltu länger saumen?
Es sey nun gleich früh/ oder spath/
Die Festung mustu raumen.
O armes Kind! O Sünder blind!
Was hilfft das widerstreben?
Dein Stärck verschwind/ als wie der wind/
Laß ab/ es ist vergeben.

3. Thu auff/ thu auff/ mirs glaub fürwahr/
Gott last mit ihm nit schertzen/
Dein arme Seel/ steht in Gefahr/
Vnd wird dichs ewig schmertzen.
Kehr wider/ O verlohrner Sohn/
Reiß ab der Sünden Banden.
Ich schwer dir bey dem Gottes Thron/
Die Gnad ist noch fürhanden.

4. Geschwind/ geschwind/ all Vhr vnd Stund
Der Todt auff vns kombt eylent
Ist vngewiß/ wen er verwund
Mit seinen bleichen Pfeilen.

Wen er nit find'in Gnadenzeit:
Wär nützer nie gebohren:
Wer vnbereit von hinnen scheid/
Ist ewiglich verlohren.
1. O Ewigkeit/ O Ewigkeit!
Wer wird dich können messen?
Seynd deiner doch schon albereit/
Die Menschen Kind vergessen.
O Gott vom höchsten Himmel gut/
Wan wird es besser werden?
Die Welt noch immer schertzen thut
Kein Sinn ist mehr auff Erden.

Conterfey deß Menschlichen Lebens.

1. JCh newlich früh zu morgen/
Zur edlen Sommer Zeit/
Hätt abgespant all Sorgen/
Vnd war Geschäfften queit.
Als nun spatzirt im Garten/
Stund auff ein Blümlein zart/
Da wolt ich je noch warten/
Biß es vollkommen ward.
Die Morgenröth verschwunde/
Weil ihren purpur Schein
Der helle Tag verschwunde
Mit Klarheit noch so rein.
Die Sonn mit sanfften straalen
Das Blümlein vbergoß/
All Blättlein thät sie mahlen/
Sampt blüets in ihrem Schoß.
3. Da gund es liebitch blicken/

IX.

Ich nemlich früh zu morgen, zur edlen
Hett ab gespant all sorgen und warge
Somēr zeit,
Scheffton queit.
Als ich nun spatzirt im garten, stund auff ein
blümlein zart. Da wolt ich ie noch warten, bis es voll
Kom̄en werd.

Gab auch so süssen Ruch/
Ein Krancken mögst erquicken/
So läg im letzten Zug.
Ein Lüfftlein lind von Athem
Rührt an das Blümelein:
Da schwebts/als an eim Faden
Gebundnes Vögelein.
4. Auff seinem Stiel so mütig
Sich wand es hin vnd her /
So säfftig vnd so blütig/
Als wär der Todt noch fer.
O Blümlein schön ohn massen/
Weil bist in deiner Zier/
Von dir will nu nit lassen
Biß zu dem Abend schier.
5. Ey wer mag auß dan sprechen
Dein Schön vnd lieblichkeit/
An dir weiß kein Gebrechen/
Bist voller Zierlichkeit.
Ja Salomon der mächtig/
War nie so schön bekleid /
Wan schon er leuchtet prächtig
Im Pomp vnd Herrlichkeit.
6. Vmb dich die Binlein brummen/
Vnd Honig samblen ein /
Zu saugen sie da kommen
Die weiche Wänglein dein.
Die Menschen Kind im gleichen
Mit lust dich schawen an/
All schönheit muß dir weichen /
Spricht warlich jederman.
7. Wolan/magst nun stoltziren

Du garten-Sternelein/
Must endlich doch verlieren
All dein gefärbten Schein.
Dich bald nur wirst entferben/
Gestalt wirst reisen ab/
Noch heut wirst müssen sterben/
Denck zeitlich nur zum grab.
8. Ich zwar will dich nit brechen/
Will dich wol bleiben lan:
Die Sonn dich wird erstechen/
Wirst nicht so lang mehr stahn.
Halt/halt/wird schon bald werden/
Schon doppelts ihre Pfeil/
Und richts gerad zur Erden/
Wie lauter fewrig Keil.
9. Starcks hat gespannt den Bogen:
Schießt ab den besten schein/
Groß Hitz da kombt geflogen/
Und dringt mit machten ein.
Ey was will nun beginnen
So zartes garten-blut?
Die Blättlein gar erbrinnen
Von heisser Sonnen-glut.
10. Da neigt es sich zur stunde/
Verwelckt/und sincket hin/
Das jetzt noch auffrecht stunde
Mit also stoltzem sinn/
Das Blümlein jung von Tagen.
Sein Hälßlein nidersenckt!
Ach/ach/ nun muß ich klagen
So gar es ist erkränckt.
11. Die Seel hats auff der Zungen

Allweil wirds blasen auß:
Nun muß es seyn gerungen
Mit todt/vnd letztem Strauß.
O wee der kurtzen Stunden!
O wee! da schläfft es ein;
Jetzt/jetzt ist schon verschwunden
Mein zartes Blümelein.

12 O Mensch hab dir gemahlet
So gar ob Augen dein/
Recht wie der Todt vns holet/
Wan wir in wollstand seyn.
O nie/nit traw der Schöne/
Dem Fleisch vnd Blut nit traw/
Dich nur mit Gott versöhne/
Auff ihn alleinig baw.

13. Wan schon all man dich preysen/
Vnd stehst in voller Blut/
Die Blätlein doch bald reisen/
Noch eh mans träumen thut.
Ein Fieberlein kombt stechen/
Mit seinen Stralen spitz/
Da muß all Krafft zerbrechen/
O wee der schwinden Hitz!

14 Ey was dan will braviren/
Ein schwaches Pfläntzelein?
Der Todt wird bald citiren/
Fort/fort/dan muß es seyn.
Wan schon bist jung von Jahren/
Wan schon bist hüpsch vnd fein/
Doch must von hinnen fahren/
Fort/fort/muß dannoch seyn.

Das Vatter unser poetisch auffgesetzt.

Eingang.

ACh Vatter hoch entwohnet/
Ob allen Lüfften weit/
Alda die Sonn/ und Monet
Gar tieff zun Füssen leit:
Nim auff von mir geringen/
Ja nim die Seufftzer an/
So mir von Hertzen dringen/
Durch läre Wolcken baan.

Die 1. Bitt.

Ach würd nur stäts gepriesen
Nur dein so schöner Nahm/
Wan spath sich hat gewiesen
Der nächtlich Sternen Kram!
Wan früh dan auch erschienen
Der täglich Glantz/ und Glast/
Und uns mit Frewden dienen
Sonn/ Mon ohn Ruh und Rast.
Dich alle Stund/ und Uhren/
Ich wölt von Hertzen mein/
All deine Creaturen
Recht lobten in gemein.
O Gott laß dir zu Ehren
Erd/ Himmel springen auff/
Will ja mich nit beschweren
Ichs mit dem Halß erkauff.

Die 2. Bitt.

Nun stincket mir auff Erden
Die Welt/ und weltlich Pracht:

Nach

Nach Wagen/Gutsch/vnd Pferden/
Goldt/Gelt nit geitzig tracht.
Ach nur das Reich dort oben/
Die runde Tempel dein/
Vns raum doch vnverschoben
Nach diesem Leben ein.

Die 3. Bitt.

Weil vnder deß wir niessen/
Den süssen Sonnen-schein
Wolt ich/wir nie verliessen
Den minsten Willen dein.
Gar offt ich wünsch von Hertzen
Gestrenger Herr/vnd Gott/
Nie keiner wöll verschertzen
Auff Erden dein Gebott.

Die 4. Bitt.

Dich auch wir weiters bitten
Vmb Nahrung/Speiß vnd Brod;
Daß je doch bleib vermitten
Die saure Taffel Noth.
Auß deiner Hand ja prasset
Die nackend Raben-zucht/
Vnd weiß/auff dich gepasset/
Von keiner Mangelsucht.

Die 5. Bitt.

Mit ruck zu sinn mit grimmen
Die Sünd/vnd Sünden Schuld/
Vns mach in Zähren schwimmen/
Hab wenig noch Gedult.
O Gott/so du mit Augen
Die Sünd wolst schawen an
Wird gar für vns nit taugen/

Nie konten wir bestahn.

Die VI. Bitt.

Das Fleisch mit süssen Pfeilen
Vns trifft in süssem Blick:
Die welt von Seiden Seilen
Vns macht gar sanffte Strick:
Der Sathan vns mit Ehren/
Mit Cron/vnd Scepter ladt/
Versuchung thut sich mehren/
Hilff/hilff/gib Rath/vnd that.

Die 7. Bitt.

Ja milt/vnd frommer Vatter/
Ja Vatter/Vatter from/
Der höllisch Drach/vnd Natter
Schaff/nie zu Kräfften komm.
Vor seinem Gifft vnd Flammen/
Vor Seel vnd Leibs Gefahr/
Erhalt vns allesammen/
Ohn Vbel immerdar.

Wahre Buß eines recht zerknirschten Hertzens.

1. WAn Abends vns die braune Nacht
Im Schatten schwartz verkleidet/
Vnd ich dan meine Sünd betracht/
Groß Noth mein Hertz erleidet.
Von lauter Leyd/von Trawrigkeit/
Mein Augen mir fast rinnen
Zun Sternen auff/so seynd im Lauff
Ich schaw mit trüben Sinnen.

2. Halt/halt/ihr scheinend Perlen klar
Ihr tausend Liecht/vnd Fackel

Halt/halt/ihr wolgezündte Schaar/
Ihr Fewr vnd Flamm ohn mackel:
O schöne Stern/nit lauffet ferr/
Hört an/was euch will klagen:
Du schöner Mon auch bleibe stahn/
Hör an mein leyd vnd Zagen.

3. Ach/ach/was angst/vnd hertzen-leyd!
Bin gar mit sünd befangen:
Auff/auff/ihr heisse Brünlein beyd/
Nun rauschet mir von wangen.
Ach schöne Stern/wolt ich so gern
Wär nie von Gott gewichen:
Ach schöner Mon/ was hab ich thon?
Mein Seel ist Todts verblichen.

4. Fließ ab/fließ ab/du Thränen Bad/
Für leyd kan dich nit halten;
Wasch ab all Sünd vnd Missethat/
Das Hertz ist schon gespalten.
O trewer Gott! hab dein Gebott
In wind vnd lufft geschlagen:
O frommer Herr! von dir so ferr
Die Sünd mich hat getragen.

5. Ey wie nun will ichs greiffen an?
Mit Recht mags nit beschönen:
Ey wie will ich vor dir bestahn/
Dein angesicht versöhnen?
O Schöpffer mein/ ichs nit vernein/
Vor dir ich muß erstummen/
Bins freylich werth/mich Fewr vnd Schwerd
Reib auff in gleicher summen.

6. Doch nit/ wan brinst in Eyffermuth/
Dir stell mein Sünd zu gegen:

O nit/wan bist in voller Glut/
Mich laß mit straff belegen.
Bedeck mit Gnad all meine That;
Nit mehr der Sünd gedencke/
Ach nur ins Meer/nur weit vnd fer
Sie tieff in Grund versencke:
7. Schaff Herr/daß ich mit Zähren heiß
Den Grimmen dein vergüte;
Mich mach recht schnee vnd schwanenweiß/
Wäsch ab das alt Geblüte;
Achs ist geschehen! kans nit vmbgehn:
Nun kränckets mich von Hertzen/
Vnd ich von Leyd fast jederzeit/
ZerflieB gleich einer Kertzen.
8. Ach dörfft ich nur zun Augen dein
Mein Augen auffrechtschlagen/
Dörfft nur dich nennen Vatter mein/
Wie zärtlich wolt ich klagen?
O Vatter mein/wolt nur allein/
O Vatter mein wolt sprechen:
Da würd alsbald/mit gnaden spalt/
Dein Hertz in stück zerprechen.
9 Da würd dein miltes Ingeweid
Wie Wachs vom Fewr zerfliessen/
Da würdest mich mit Armen beyd
An deine Wangen schliessen.
Ach nur nim an wolt sprechen dan/
Nach deiner grossen Milte;
Nim an geschwind/dein armes Kind/
So gangen war ins Wilde.
10. Gleich würdest den verlohren Sohn

Mit Frewden groß empfangen/
Vnd geben ihm die vorig Cron/
Mit Kleynod viel behangen.
Auch wurdest bald/ohn auffenthalt
Gar prächtig banckettiren/
Vnd wurdest frey/mit Jubelschrey/
All Höffling dein tractieren.

11. Nun bin ichs je mit nichten werth
Darff dich kein Vatter nennen:
Auch du/weil alles hab verzehrt/
Wirst mich kein Sohn mehr kennen/
Ach wo muß dan ichs greiffen an?
Wem/wie dan muß ichs klagen?
Ach/ach was rath/ist zimlich spath:
Jedoch nit will verzagen.

12 O Sternen still/ O stiller Mon/
Deß Elends last euch dauren
Mein leyd euch last zu Hertzen gahn
Mit mir thut kläglich trawren.
Ach haltet ein den halben Schein/
Euch halber thut zerspalten/
Vnd halt zu Nacht nur halbe wacht/
Laßt Finsternuß halb walten.

13. Ja freylich/freylich gar/vnd gantz
All Augen thut beschliessen/
Verlöschet allen Schein vnd Glantz
Kein eintzen Stral last schiessen.
Zur Rew vnd leyd bin ich bereit;
Ade/Sonn/Mon/vnd Sternen.
Nur trawren gar ich muß fürwahr/
Vnd Spiel vnd Schertz verlernen.

14. Ade dan/eins vnd abermahl/

Ihr Liechter schön gezündet/
Ade/verleschet alle Straal;
Euch gantz hab auffgekündet.
In dunckler Nacht / ich bin bedacht
Mein Tag/ohn Tag volbringen;
Nur Trawr-Gesang/mein Lebenlang
Bey mir soll stäts erklingen.
15. In Finsternuß gewunden ein/
Ich meine Jahr werd schliessen.
Mein Speiß/vnd Tranck mir sollen seyn
Die Zähr/so werd vergiessen.
Mein franckes Hertz ich leg in Schmertz/
In Schmertzen laß ichs rasten:
Wans dan verscheidt/ist schon bereit
Der Schmertz zum Todten-Kasten.
16. In Schmertzen/Qual/vnd Trawrigkeit
Mein Leben soll passiren:
In wee/vnd ach/vnd stätem Leydt/
Wil meine Zeit verlieren.
In holem Wald/der deutlich schallt/
Ein Hüttlein werd ich schlagen;
Da soll vor all der Echo schall
Mit mir mein Jammer klagen.
17. Mit Seufftzen viel in grossem Hauff
Die Wund ich wil vermehren:
Die Bächlein sollen schwellen auff/
Von meinen vielen Zähren.
Die Bäum/vnd Stein/sie mögen seyn/
Die Felsen hart vnd Eichen/
Mit Thränen heiß/mit Augen Schweiß
Ich hoff noch werd erweichen.
18. Wer weiß ob nit der fromme Gott

Die Gnaden Brust verschliesse?
Wer weiß ob nit Herr Sabaoth/
Das gnaden-meer ergiesse?
Die Schrifft vermeld/der Glaub es hell/
Wer Buß mag redlich tragen/
Find je noch Gnad/ist nit zu spath:
Vnd wer dan wolt verzagen?

Ein ander Bußgesang eines zerknirschten Hertzens.

1. Jkeich früh wan zarter morgenschein
All Gipffel hoch vergüldet/
Mich zeitlich das gewissen mein
Der sünden viel beschuldet:
Auch abendts/wan die braune Nacht
Den Tag zu Ruh getragen/
Es mirs kein Härlein besser macht/
Ja schärpffer thut michs nagen.

2. O Gott/wan ich mein Laster all
Mit Ziffer solt befangen/
Weit schreitens vber ziel vnd zahl:
Solt ich noch Gnad erlangen?
Nit minder haar/ich schetz fürwar/
Mein feuchtes Hirn bedecken/
Als viel der sünd/ vnd fauler fünd
In meinem Busen stecken.

3. O Schöpffer mein! vor augen dein
Darff nie so bald erscheinen:
Mein Vnverstand ist dir bekandt/
Nur seufftzen will vnd weinen:
Auff äuglein/auff/rüst euch zum lauff/
Ihr Brünlein reich an Feuchte/

Nur haltet ein den glantz vnd schein/
Kein augenstral mehr leuchte.
4 Spritzt eylend auff/euch mischt zu hauff/
Thut Liecht vnd Flam vertauschen:
Für stralen rein/für augenschein
Die Bächlein heiß last rauschen.
Du tieffes Hirn/ du flache Stirn/
Euch badet gantz in Zähren.
Jchs endlich halt/werd euch noch bald
Jn starcke Flüß verkehren.
5 Ach du so fromm vnd trewer Gott/
Du Schöpffer der Naturen!
Warumb dan ließ ich dein Gebott?
Schlug mich zun Creaturen?
Vom Brunnen fern hab mir Cistern
Mit arbeit groß ergaben;
Nun find ich ja kein Tröpfflein da/
Das nur die Zung mögt laben.
6. Ach/ach/wan ich zu sinnen faß/
Wie bald all Frewd entflogen
Von Thränen werd ich sauber naß;
O wee/bin gar betrogen!
Hab vbels than/werd nit bestahn:
Jn Leyd ich muß verderben.
Wer nur mich sicht/mich bald zerbricht/
O wee der schwachen scherben!
7: Vnd wie doch thät michs kommen an/
Das meinem Gott so milde
Jch dörffte frey zu wider gahn/
Mit meinem wandel wilde.
Hab gleich in Schertz sein trewes Hertz/
Mit sünden viel gequelet:

Fast alle Stund hab ichs verwund/
  O wee/wer hats gezehlet!

8. Vnd doch was hattest mir gethan/
  O Gott so reich von Güte?
Daß mich zur Sünd hab führen lan?
  Hab kräncket dein Gemüte;
Wan rieffest mir/lieff ich von dir/
  Vom Fleisch ward vberwunden;
Wan suchtest mich/hab flohen dich:
  O wee der blinden Stunden!

9. Wolan will doch verzagen nit
  Will büssen mein Verbrechen:
Will meinen Gott mit starcker Bitt
  Die milde Brust erbrechen:
Zum Gnaden-Thron/mit einem Sohn/
  Will heut noch wider kehren:
Gnug soll mir seyn/beym Vatter mein
  Die Zahl der Knech vermehren.

10. O Sohn/vnd Vatter Namen süß!
  Wie gar hab euch mißhalten?
Will werffen mich an seine Füß/
  Mein Händ anmütig falten:
Will schleichen bey/mit starckem schrey
  Sein weiches Hertz zerspalten:
Ach Vatter mein/beyn Knechten dein
  Mich laß nur Platz erhalten!

11. Will sprechen: O du Vatter fromm
  Laß fliessen Gnad vnd Güte/
Zu dir ich jedoch widerkomm/
  Vnd bin doch dein Geblüte:
Bin zwar vnwerth/mich Lufft vnd Erd/
  In ihrem Schoß ertragen;

Doch

Doch zieh mich ein/ zun Knechten dein/
Erbarm dich meiner Klagen.
12. Wer weiß er mögt entgegen gahn
Dem lang verlohren Kinde?
Mich mögt mit Armen hefften an
An seine Brust geschwinde/
Wer weiß/ ob nit mit schnellem Tritt
Er schon zu mir kombt eylen?
Zwar seine Gnad ohn End bestaht/
Sich thut ohn maß ertheilen.
13. S. O da/ da Vatter/ Vatter mein!
O wee mir schönem Kinde!
V. O Kind/ O Kind/ kehr wider ein/
O wol/ daß dich noch finde!
S Ach Vatter/ ichs bekennen muß/
O wee mir frech- vnd stoltzem!
V. Ach Kind/ mein Hertz ab deiner Buß
Ist schon vor Lieb zerschmoltzen.
14. S. Ach Vatter/ mich nim wider an;
Bin sonsten gar verlohren.
V. Ach Kind/ was magst in zweiffel stahn?
Mein Ingeweid erkohren.
S. Ach Vatter/ wil zun Knechten gahn/
Mein Lieb ist gar erfroren.
V. Ach Kind/ solt ich beyn Knechten lan/
Mein Fleisch/ von mir gebohren?
15. S. Ach Vatter/ bins mit nichten werth/
Mich laß bey deinen Füssen.
V. Ich Kind/ dein hab ich lang begehrt/
Muß dich nun hertzlich grüssen.
S. Ach Vatter/ liebster Vatter mein/
Wan ich der Sünd gedencke/

V. Ach

O Traurigkeit des hertzen, wan
Aprill Kompt auff den mertzen, der
wirstu nemmen ab: Natur war auch im schmertz-
winter geht zu grab.
en den truben winter tag, nun wend sie sich zum scher-
tzen alle weil die zeit vermag.

V. Ach liebes Kind/nit also weyn:
Ich dirs von Hertzen schencke.
16. Geschwind/geschwind/in aller eyl/
Her/Sammet her/vnd Seyden/
Her was vom bestem Purpur feyl/
Wil gantz mein Kind bekleiden.
Bringt her Gold/Perlen Edelstein/
Wil frey dich prächtig zieren;
Richt zu die Tisch/laßt frölich seyn/
Laßt vns nun jubiliren.
17. S. O Vatter/Vatter/vil zu from!
O Gnad gantz vnermessen!
Für wunder schier ich bleibe stumm
Die Sprach ist fast ersessen.
Ach Sünder all/auß aller Welt/
Last euch bey Zeiten sagen.
In eyl/in eyl euch vnderstellt/
Wolt nie/ach nie verzagen.

Ein Christliche Seel muntert sich auff im Abgang ihrer Trawrigkeit.

1. O Trawrigkeit deß Hertzen/
Wan wirstu nemmen ab?
Aprill kommt auff den Mertzen/
Der Winter geht zu Grab.
Natur war auch in Schmertzen
Den trüben Winter-Tag/
Nun wend sie sich zum Schertzen/
All weils die Zeit vermag.
2. Die Vöglein schön erklingen/
Die Sonn sich strälet auff/
Die kühle Brünlein springen/

Die

Die Bächlein seynd im Lauff.
Die Blümlein zart erspriessen/
Zur Erden kriechens auß/
Laub/Graß/herfür auch schiessen/
Die Pflåntzlein werden krauß.
3. Ade last trawren fahren
Zur wilden Wůst hinein/
Bald Wagen/Heer/vnd Kahren/
Lad auff all Qual/vnd Pein/
Fåhrt hin so schnöde wahren
Weit auß dem Hertzen mein/
Will Frôligkeit mit sparen
Beym lieben Sonnen-schein.
4. Ey wer doch wolt verlieren
So schöne Frühlings Zeit?
Weil doch melancoliren
Hilfft warlich nit ein meit.
Ich heut noch will spatziren
Zum nechsten grünen waldt/
Vnd da dan musiciren/
Das lieblich widerschallt.
5. An einem holen Felsen.
Sich last ein Tåublein sehn/
Ein Creutzlein thuts vmbhålsen
Heist bůssend Magdalen.
Pflegt lieblich offt zu spielen
Auff diesem Psålterlein/
Daß nie so süß bey vielen
Noch Harpff/ noch Cyther seyn.
6 Mit ihr will ich dan singen
Dem lieben Gottes Sohn:
Mehr Lust es mir wird bringen.

Als aller ander Thon;
Im Creutz allein/ mag sagen/
Ist Frewd/vnd Frölichkeit:
Wers wil mit Jesu tragen/
Find endlich Süssigkeit.

7. Wolauff/wolauff/ im Hertzen
Ich wil recht frölich seyn.
In weltlich schrey/ noch plertzen
Mag ich nicht stimmen ein.
All meine Frewd verborgen
In Jesu Seyten ligt/
Da find ich heut/vnd morgen
Noch manches rein Gedicht.

8. Mein Harpff/so mir wil schlagen/
Mein Geig/vnd Cyther-sang/
Mein Lied in Frewden tagen/
Mein Laut- vnd Psalter-klang
Sol seyn als lang ich lebe/
Creutz/Nägel/Speer/vnd Blut/
Biß ich mein Seel auffgebe
Bleibt mir wol solcher Muth.

9. O Creutz gar schön gezieret
Mit Jesu meinem Lieb!
Wer stäts bey dir psalliret/
Wohl stäts in Frewden blieb.
Möcht nur zu dir ich steigen
Ein Musick richten an!
Zwar vber alle Geigen
Es müst in warheit gahn.

10. Kom nur auß deinem Steine/
Du büssend Magdalen/
O Täublein das ich meine/

Dich lass nur kecklich sehn.
Vns last nun musiciren
Mit hellem Frewden-thon/
Vns last nun jubiliren
Dem lieben Gottes Sohn.
11. In Frewden will ich leben/
Der Winter ist fürbey:
Die Sünd mir seind vergeben/
Bin frisch/ vnd Vogel-frey
O wohl/ vnd wohl der stunde/
So mich zur Buß gebracht/
Daß nit ich gieng zu grunde
Hat Jesu Creutz gemacht.
12. Nit lang/nit leng mags wehren
In diesem Jamerthal/
In eyl sich wird verzehren/
All meiner stunden zahl.
Warumb wolt ich dan klagen/
Weil doch in Ewigkeit
Nach diesen kurtzen Tagen
Die Frewd ist vns bereit?
13. Hab ich schon was verlohren
Auff dieser schnöden Erd/
Ichs dort gantz außerkohren
Bald wider finden werd;
Auff/ auff dan/last erschallen
All Frewd/ vnd Fröligkeit/
Dem Herren wirds gefallen
Fort/ fort/ O Trawrigkeit.

O wie scheinbar trost von oben endlich durch die wolke
bricht: nie noch keine stralen gaben noch Crystal so reines
licht O wie wol wird meinem hertzen: O wie klar mein angesicht
Weichet weichet angst und schmertzen, darff nun ewer weiter nicht.

Jubel einer Christlichen Seelen nach vberwundener Trawrigkeit.

1. O Wie scheinbar Trost von oben
Endlich durch die Walcken bricht!
Nie noch keine Stralen gaben/
Noch Crystall so reines Liecht;
O wie wol wird meinem Hertzen!
O wie klar mein Angesicht!
Weichet/ weichet angst vnd schmertzen/
Darff nun ewer weiter nicht.

2. Euch hinaussen trollt mit hauffen/
Fliehet hin zur finstern Nacht:
Lauter Frewde kommen lauffen/
Lufft/ vnd wetter wider lacht.
Kält/ vnd winter ist gebrochen/
Trübsal ist nun sauber hin/
Trawrigkeit ist gar erstochen/
Frölichkeit ist mein gewin.

3. Eya lasset vns spatziren/
JEsu viel geliebter mein/
Weil die Gärten sich nun zieren/
Weil die Blümlein offen seyn:
Weil die grüne wiesen lachen/
Weil die Pflantzen voller Zweig:
Weil die Vögel Nester machen/
Kinder Bethlein zart vnd weich.

4. Schaw die reine Brünlein springen
Hoch in lären Lufft hinein;
Schaw die zarte Vöglein singen
Wunder wunder süß/ vnd rein;
Schaw die Bächlein lieblich sausen/

 Klar

Klar wie lauter Silber schein;
Schaw die Bienen ernstlich hausen
Rauben/ klauben Honig ein.

5. Ach ihr Beinlein/ ach ihr fehlet/
Ledig fahret ihr nach hauß:
Nur von JESU Lefftzen stehlet;
Dannen klaubet Hönig auß:
JESU Lefftzen/ Mund/ vnd Augen
Voll deß besten safftens seyn.
Da thut nun hinfürter saugen/
Noch so viel es bringet ein!

6. Newlich ich in trawren stunde/
Ware voller Bitterkeit:
JEsum da gecreutzigt funde/
Klaget ihm das Hertzen-Leyd:
Lieblich thät ich ihn vmbhälsen/
Küsset seine wangen beyd:
Gleich mir sprang von diesem Felsen
Brunn/ vnd Bach der sussigkeit.

7. Warlich war ich gar zerschlagen/
War von lauter trawren matt:
Bin nun mehr in Frewden-Tagen/
Bin von lauter Lüsten satt.
Trübnus hatte mich vmbzogen/
Ware mehr dan halber todt:
Nun mehr hab ichs leben sogen/
Nur auß JEsu Lefftzen roth.

8. Drumb ihr Bienlein/ last euch sagen/
Kombt mit hauffen/ kombt hinzu:
JEsu Lefftzen sollet nagen/
Mercket was ich rathen thu.
Wil die warheit nit verhälen/

Nit-

Als in Jappon weit ent legen dachte
Alle waren ihm ent gegen fielens
dieser Gottes man, Wind, und wetter, meer, und
ihm mit worten an,
Wällen mahltens ihm fur augen dar, reslten uiluonunge
fallen uon gewilter und gefahr

Nirgend besser Blumen sein:
Dorten wollet waidlich stehlen/
Rauben/ klauben Honig ein.
9. Weidet jene süsse wangen/
Euch nur freundlich kleibet an/
Sauget/ hauchet/ bleibet hangen/
Bessers niemand rathen kan.
Von den Augen JEsu fallen
Runde Thränen silber-weiß/
Von der Stirnen roth Corallen;
Beyde seynd euch geben preiß.
10. Da thut sauber Hönig machen/
Lauter süß- vnd Lieblichkeit/
Labung so für kranck vnd schwachen/
Dienen mag zu jeder zeit;
Wan dan werd in ängsten stecken/
Brauchen wil ich solchen Safft/
Weiß fürwar es wird erklecken/
Zweiffle nit/ ich finde krafft.

Poëtisch Gedicht vom H. Francisco Xaverio der Gesellschafft Jesu/ als er in Japon schiffen wolte/ alda die Heidnische Völcker zu bekehren.

1. Als in Japon weit entlegen
Dachte dieser Gottes man/
Alle waren ihm entgegen/
Fielen ihn mit worten an/
Wind/ vnd wetter/ meer/ vnd wällen
Mahltens ihm für augen dar/
Redten viel von Vngefällen/
Von gewitter/ vnd Gefahr.

2. Schweiget/ schweiget von Gewitter/
Ach von winden schweiget still:
Nie/ noch warer Held/ noch Ritter
Achtet solcher Kinderspiel:
Lasset wind vnd wetter blasen/
Flam der Lieb vom blasen wächst:
Lasset meer/ vnd wällen rasen/
Wällen gehn zum Himmel nächst.
3. Ey doch lasset ab von schertzen/
Schröcket mich mit keiner Noth;
Noch Soldat/ noch Martis Hertzen/
Förchten immer Kraut/ vnd Loth.
Spieß/ vnd Pfeil/ vnd blosse Degen/
Rohr/ Pistol vnd Büchsenspeiß/ * Pulver.
Macht Soldaten mehr verwegen/
Vnd sie lockt zum Ehren-preiß:
4. Lasset nur ihr Hörner wetzen
Wind/ vnd wetter vngestumm/
Laßt die brümmend wällen schwetzen/
Vnd die Trummen schlagen vm.
Nord/ vnd Suden/ Ost/ vnd Westen/
Kämpffen last auff saltzem Feld;
Nie wirds dem an Ruh gebresten/
Wer nur Fried im Hertzen helt.
5. Wer wilts vber Meer nit wagen/
Vber tausent wässer wildt?
Dem es mit dem Pfeil/ vnd Bogen
Nach viel tausent Seelen gilt?
Wem wil grausen vor den winden/
Förchten ihre flügel naß?
Der nur Seelen denckt zu finden/
Seelen schön ohn alle maß.

6. Eia:

79.
106.
Offt morgens in der kühle, noch:
Wan JESU pfeil ich fühle zu
vor dem sonnenschein,
Scharff, und hitzig sein.
Mit frewden mich verfüge zum
grünen wald hinein,; wolt Gott, nun dapffer schlüge der
Klang der vögelein.

6. Eja starck/ vnd freche Wällen/
Eja starck vnd stoltze Windt/
Ihr mich nimmer sollet fellen/
Euch zu stehn ich bin gesinnt/
Seelen / Seelen/ muß ich haben/
Sattlet euch nur höltzen Roß/ * Schiff.
Ihr must über Wällen traben/
Nur vom Vfer drucket loß.

Die Gespons Jesu lobet Gott bey dem Gesang der Vögel.

1. OFft Morgens in der Kühle/
Noch vor dem Sonnen-schein/
Wan Jesu Pfeil ich fühle
Zu scharpff/ vnd hitzig seyn/
Mit Frewden mich verfüge
Zum grünen Waldt hinein;
Wolt Gott/ nun dapffer schlüge
Der Klang der Vögelein.
2. O Vöglein ihr ohn sorgen/
Als newlich kam hinein/
Ein Liedlein must euch borgen;
Wil nun bezahlet seyn.
Nun mahnet auff zur stunde
Den besten Athem gut;
Nun schöpfft von Hertzen grunde/
Vom best-geliebtem Blut.
3. Mit bester stimm last klingen/
Den höchst vnd besten Thon:
Durch Wolcken soll sichs dringen/
Biß zu dem Gottes Thron.
Nun da/ da thuts erklingen/

Nu da/ da recht/ vnd fein:
Ja so/ so musset singen/
Ihr lautbar Vögelein.
4. O Nachtigal du schöne!
Verdienest rechter weiß/
Man dich fürnemblich cröne/
Mit höchstem Ehrenpreiß.
Wie magst es je doch machen
So sauber/ glatt/ vnd rund.
Das Hertzlein dir möcht krachen
Förcht ich/ wans geht zum Bund.
5. Thust wunder/ wunder zwingen
Den Athem hundertfalt/
Kein Vöglein ist im singen/
So dir die Farben halt.
Wan man dich mercket kommen/
Offt zum gemeinen hauff/
Fast alle gleich erstummen/
Die Zünglein zäumens auff.
6. Doch jetzet sie nit schweigen/
Nit feyrens dieser frist/
Jetzt alle sie sich zeigen
Weil Gott zu loben ist.
Keins will jetzt andern weichen/
Sich brauchens groß/ vnd klein;
Laut spielend gehn durchstreichen
Das frölich Wäldelein.
7. O Süssigkeit der Stimmen!
Wie Pfeiffens also rein/
Im Lufft wie lieblich schwimmen/
Die fliegend-Psälterlein:
Wie zierlich thuts erschallen

Im Krauß vnd holen Holtz/
Wil mirs ja baß gefallen,
Als alle Music stoltz.
8. Die Bäumlein reich von zweigen
Auch sang-weiß sausen gahn/
Zum Gottes lob sich neigen/
Vom wind geblasen an.
Die Bächlein auch thun rauschen/
Vnd frölich klinglen zu/
Nit bald den Thon vertauschen/
Bleibt gleicher Klang ohn Ruh.
9. Ey wo nun seynd im gleichen/
Wo seynd all Menschen spiel?
Ach woltens ja nit weichen/
Sich samlen eben viel:
Ach woltens gleicher massen
Bey dieser Music seyn/
Sich auch mit hören lassen/
Vnd samptlich stimmen ein.
10. O Gott was Frewd im Hertzen/
Was Lust ich schöpffen thät?
Wan heut zur Prim/ vnd Tertzen/
Sext/ Non/ vnd Vesper spät
Zu wegen ich könt bringen
Dem lieben Gottes Sohn/
Vor ihm das möcht erklingen
So starck gemischter Thon.
11. Her/ her/ all Instrumenten/
So seynd in gantzer welt/
All Fugen/ vnd Concenten
So vil die Music zehlt:
Her/ her/ all Menschen stimmen

Laßt immer / immer gan /
Waus nie doch wird erklimmen /
Was Gott gebühren kan.

12. Je mehr man ihn erhoben /
Gelobt / vnd ehret hat /
Je mehr man ihn zu loben
Noch allweg lasset statt.
Drumb spielet / vnd psalliret /
Was je nur spielen kan.
Springt / jauchtzet / jubiliret /
Lust / Frewd ihm stellet an.

Anleitung zur erkandtnuß vnd liebe deß Schöpffers auß den Geschöpffen.

1. DAs Meisterstück mit sorgen
Wer nur wil schawen an /
Ihm freylich nit verborgen /
Der Meister bleiben kan.
Drumb wer nun heut vnd morgen /
Erd / Himmel schawet frey /
Denck Nachts mit gleicher sorgen /
Wie je der Meister sey.

O Mensch ermeß im Hertzen dein /
Wie wunder muß der Schöpffer sein.

2. Von oben wird vns geben
Das Liecht / vnd gülden schein /
In stätem Lauff / vnd Leben /
Sonn / Mon / vnd Himmel sein.
Deß Tags biß auff den Abend /
Die Sonn gar freundlich lacht /
Zu Nacht der Mon Gott lobend /

Das meister stuck mit sorgē wer nur wilt schauen
Ihm freilich nit verborgen, der meister bleiben
an.
Kan.
Drumb wer nun heit und morgē, ein himelschar wet frey denck
nachts mit gleicher sorgen wie ie der meister sey. O mensch er=
meß im hertzen dein, wie wunder muß der schöpffer sein.

Führt auff die Sternen-wacht.
O Mensch ermess im Hertzen dein,
Wie wunder muss der Schöpffer sein.

3. In etlich tausent Jahren/
Viel tausent Sternen klar/
Kein Härlein sich verfahren/
Gehn richtig immerdar.
Wer deutet ihn die Strassen?
Wer zeiget ihn die Weg?
Daß nie nit vnterlassen/
Zufinden ihre Steg.
O Mensch ermess im Hertzen dein,
Wie wunder muss der Schöpffer sein.

4. In lauter grüne Seyden/
Gar zierlich außgebreit/
Das Erdreich sich thut Kleyden/
Zur werthen Sommerzeit.
Die Pfläntzlein in den Felden/
Sich lieblich mutzen auff/
Die grüne Zweig in Wälden/
Auch schlagen auß mit hauff.
O Mensch ermess im Hertzen dein,
Wie wunder muss der Schöpffer sein.

5. In Gärten merck ich eben/
Die schöne Blümelein/
Wie frewdig sie da schweben/
Wan Windt nur spielt hinein:
O frölich Garten jugend!
O frisch/ vnd zartes Blut!
Ohn Zahl hast Farb/ vnd Tugendt/
Wers denckt in stillem Muth.
O Mensch ermess im Hertzen dein,

Wie

Wie wunder muss der Schöpffer sein.

6. Vnd wie werd dan gemohlet
Ihr Blümlein tausent-falt?
Weil alles ihr doch holet
Auß schwartzer Erden kalt?
All safft/vnd krafft/vnd wesen/
Ihr nemt von schlechter Erd/
Vnd doch wer euch geht lesen/
Nichts zierlichers begehrt.
O Mensch ermess im Hertzen dein,
Wie wunder muss der Schöpffer sein.

7. Die Brünelein sich ergiessen/
Vnd ihre Wässer klar/
Wie silber stralen schiessen
Von Felsen offenbahr:
Die Sonn es bald erblicket/
Drin kühlet ihren schein.
Die Thier es auch erquicket/
Wans heiß vnd dürstig seyn.
O Mensch ermess im Hertzen dein,
Wie wunder muss der Schöpffer sein.

8. Frisch hin vnd her gehn wancken
Die klare Bächlein krumb/
Vnd mit den Steinlein zancken/
Wans müssen fliessen vmb.
Allweg sie süßlich sausen/
Zum sang vnd gang gewohn.
Das gantze Jahr ohn pausen
Man höret ihren Thon.
O Mensch ermess im Hertzen dein,
Wie wunder muss der Schöpffer sein.

9. Die Flüß vnd breite Wässer

In still/ vnd sanfftem Trab
Schiff/ Nachen/ Pack/ vnd Fässer
Lahn führen auff vnd ab.
So pur vnd rein sie lauffen
(Muß kecklich sagen das)
Wers will gar zierlich tauffen/
Der nents geschmoltzen Glaß.
O Mensch ermess im Hertzen dein,
Wie wunder muss der Schöpffer sein.

10. Das wilde Meer nun brauset/
Vnd wütet vngestüm:
Nun still es wider sausset/
Ligt fest in runder krümm/
Gar lieblich thuts bestralen/
Die Sonn mit sanffter Glut/
Wan sie zum offtermahlen/
Sich drin erspieglen thut.
O Mensch ermess im Hertzen dein,
Wie wunder muss der Schöpffer sein.

11. Wer will die Bäum nun zehlen/
In jen- vnd jenem Waldt?
Seynd deren doch ohn fehlen
So tausent/ tausent falt.
Gar hoch die Gipffel klimmen/
In klaren Lufft hinauff/
Vnd gleich den Wolcken schwimmen/
Wan stost ein Windlein drauff.
O Mensch ermess im Hertzen dein,
Wie wunder muss der Schöpffer sein.

12. Der Zweig vnd Näst seynd tausent/
Vnd tausent/ tausent viel.
Mehr tausent/ tausent/ tausent

Der Blättlein/ vnd der Stiel/
Doch äderlein beynebēn/
Noch mehr man zehlen thut/
Da nehret sich das Leben/
Vnd Seel in grünem Blut.
O Mensch ermess im Hertzen dein/
Wie wunder muss der Schöpffer sein.

13. Wan dan schallt auff den Zweigen
Gesang der Vögelein/
Noch Laut/noch Harpff/noch Geigen
Klingt also süß/ vnd rein.
Ihr lieblichs musiciren
Mich dünckt so sauber gut/
Ihr künstlichs coloriren,
Bringt lauter Frewden-muth.
O Mensch ermess im Hertzen dein/
Wie wunder muss der Schöpffer sein.

14. Die Nachtigal ob allen
Steigt immer auff/ vnd auff/
Gar frewdig thuts erschallen/
Wan's geht in vollem Lauff.
Man sagt das etlich Starben/
Zu hoch/wans wolten gahn/
Vnd mit zu starcken Farben/
Ihr Stimmlein streichen an.
O Mensch ermess im Hertzen dein/
Wie wunder muss der Schöpffer sein.

15. Wer wolt nun vberdencken/
Der vielen Vögel Zahl?
Die Sonn sich würde sencken/
Eh man sie nennet all.
Wer wolt ihr Federn zehlen/

Vnd

Vnd Feder-farben zart?
O Gott/ muß dirs befehlen/
Es seynd vnzahlbar art.
O Mensch ermess im Hertzen dein/
Wie wunder muss der Schöpffer sein.

16. Von Thieren muß ich schweigen/
Vnd lassens vngezehlt:
Ins Meer wil auch nit steigen/
Das ich von Fischen meldt:
Von Mensch vnd Menschen-Kindern:
Wil gar nit regen an/
Kein End ich da könt finden/
Wils in der still vmgan.
O Mensch ermess im Hertzen dein/
Wie wunder muss der Schöpffer sein.

17. Elphanten/ sampt Camelen/
Roß/ Löwen/ Hirsch/ vnd Bär/
All Würm/ vnd alle Seelen
So seynd im wilden Meer/
Wer Mensch mags je beschreiben/
Ihr Eigenschafft vnd Art?
Thut weißlich wers laßt bleiben/
Wer Wort vnd Feder spart.
O Mensch ermess im Hertzen dein/
Wie wunder muss der Schöpffer sein.

18. O schönheit der Naturen!
O wunder lieblichkeit!
O Zahl der Creaturen!
Wie streckest dich so weit?
Wer wolt dan je nicht mercken?
Deß Schöpffers Herrligkeit/
In allen seinen wercken.

Gantz voller zierlichkeit

O Mensch ermess im Hertzen dein/
Wie wunder muss der Schöpffer sein.

Lob Gottes auß Beschreibung der frölichen Sommerzeit.

1. JEtzt wicklet sich der Himmel auff/
Jetzt bwegen sich die Räder/
Der Frühling rüstet sich zum Lauff
Vmbgürt mit rosen-feder.
O wie so schön/ wie frisch vnd krauß!
Wie glantzend! Elementen/
Nit mögens gnugsam streichen auß
Noch Redner / noch Scribenten.
O Gott ich sing von Hertzen mein/
Gelobet muss der Schöpffer sein.

2. Du schnelle Post / O schöne Sonn!
O gülden Roß/ vnd Wagen!
O reines Rad auff reinem Bronn
Mit zartem Glantz beschlagen:
Jetz schöpffest vns den besten schein/
So winters war verlohren/
Da Rad/ vnd Eymer scheinend sein
Von Kält gar angefroren.
O Gott ich sing von Hertzen mein/
Gelobet muss der Schöpffer sein.

3. O reines Jahr! O schöner Tag!
O spiegel-klare zeiten!
Zur sommer-lust nach winter-klag
Der Frühling vns wird leiten.
Im Lufft ich hör die Music schon/
Wie sichs mit ernst bereite/

107. ~~88.~~

Jetz wicklet sich der himel auf ists bewegt sich die rü-
Der fruling rüstet sich zu lauf umgurt mit rosen fe-
der, O wie so schon wie frisch und kraus wie glantzend elementen
der.
nit mugens gnugsam streichen auss noch redner noch schriben.
ten, O Gottlich sing von hertzen mein, gelobet muss der schöpffer sein.

Daß vns empfang mit süssem Thon/
  Vnd lieblich hin begleite.
    O Gott ich sing von Hertzen mein,
    Gelobet muss der Schöpffer sein.

4. Für vns die schöne Nachtigal
  Den Sommer laut begrüsset/
Ihr Stimmlein vber Berg vnd Thal
  Den gantzen Lufft versüsset.
Die Vöglein zart in grosser meng
  Busch/ Heck/ vnd Feldt durchstreiffen/
Die Nester schon seynd ihn zu eng/
  Der Lufft klingt voller Pfeiffen.
    O Gott ich sing von Hertzen mein,
    Gelobet muss der schöpffer sein.

5 Wer legt nun ihn den Thon in Mundt/
  Dan laut/ vnd dan so leise?
Wer circklet ihn so rein vnd rund/
  So manntfältig weise?
Wer messet ihn den Athem zu/
  Daß mögens vollen führen
Den gantzen Tag fast ohne Ruh
  So frewdigs tute-lüren?
    O Gott ich sing von Hertzen mein,
    Gelobet muss der Schöpffer sein.

6. Jetz lauffen wider starck/ vnd fest/
  So Winterzeits gestanden
All Flüß/ vnd Wässer in Arrest/
  Bestrickt mit Eyßes Banden:
Jetzt kalter Lufft/ vnd stawre Windt/
  Vns wider seynd versöhnet/
Der Taw mit weissen Perlen lind
  Die Felder lieblich crönet.

O Gott

O Gott ich sing von Hertzen mein,
Gelobet muss der Schöpffer sein.

7. Jetz öffnet sich der Erdenschoß/
Die Brünnlein frölich springen;
Jetz Laub vnd Graß sich geben bloß/
Die Pflänzlein anher dringen.
Wer wird die Kräuter mannigfalt/
In Zahl vnd Ziffer zwingen.
Welch vns der Sommer mit gewalt
Ans Liecht wird stündlich bringen?
O Gott ich sing von Hertzen mein,
Gelobet muss der Schöpffer sein.

8. Die Blümlein/ schaw/ wie trettens an/
Vnd wunder schön sich arten/
Violen/ Rosen/ Tulipan/
All Kleynod stoltz im Garten/
Jacynthen/ vnd Gamanderlein/
Dan Saffran/ vnd Lavendel/
Auch Schwertlein/ Gilgen/ Nägelein/
Narciß/ vnd Sonnenwendel.
O Gott ich sing von Hertzen mein,
Gelobet muss der Schöpffer sein.

9. Ey da/ du gülden Käysers Cron/
Auß vielen außerkohren/
Auch tausent schon/ vnd wider ton/
Nasturtz/ vnd Rittersporen/
Je länger lieber/ Sonnen tau/
Basilien/ Brunellen/
Agleyen auch/ vnd Bärenklaw/
Dan Monsam/ Glock/ vnd Schellen.
O Gott ich sing von Hertzen mein,
Gelobet muss der Schöpffer sein.

10. Mein

10. Mein saget an/ ihr Blümlein zart/
Vnd laßt michs jedoch wissen/
Weil ihr an euch kein Farb gespart/
Wer hat euch vorgerissen?
Wo nahmet ihr das muster her/
Davon ihr euch copeyet?
Das Fürbild wolt ich schawen ger/
Welches ihr hatt conterfeyet.
O Gott ich sing von Hertzen mein/
Gelobet muss der Schöpffer sein.

11. Wer mag nun je gebohren seyn/
So reich von scharffen sinnen/
Der auch das gringstes Pfläntzelein/
Nur schlechtlich dörfft beginnen?
Die warheit sag ich rund/ vnd glatt/
Dan würd all sinn zerrinnen/
Wer nur auch dächt ein eintzig Blat/
Auß Menschen Kunst erspinnen.
O Gott ich sing von Hertzen mein/
Gelobet muss der Schöpffer sein.

12. Das Feld/ vnd wisen feucht/ vnd feist/
Mit Bächlein viel zerspalten/
Die Sonn wan sie vorüber reist/
Mit ihrer schön auffhalten:
Nun wundert sich der Himmel selb/
Wie zierlich vnderstralet
Mit Graaß/ vnd Früchten grün/ vnd gelb
Das Erdreich sich gemahlet.
O Gott ich sing von Hertzen mein/
Gelobet muss der Schöpffer sein.

13. Wer treibet auß Getreid/ vnd Graß
Wer lockets an die Sonnen

Weils in der Erd verwirret saß/
Wer hats hinauß gesponnen?
Wer schärpfft den Ähren ihre Spitz?
Wer thut die Körnle zehlen?
Wo nemmens doch die Kunst/ vnd Witz
Das nie der Art verfehlen?
O Gott ich sing von Hertzen mein/
Gelobet muss der Schöpffer sein.
14. Die stoltze Bäum in wälden wildt/
Seynd zierlich außgebreitet/
O nur auß Erd geschnitzte Bildt!
Ohn werck vnd zeug bereitet/
Wer thät in Lufft euch richten auff?
Wer gab das grün den Zweigen?
Wo war so viel der Farb zu kauff?
Für wunder muß ich schweigen.
O Gott ich sing von Hertzen mein/
Gelobet muss der Schöpffer sein.
15. Bald auch die zahm/ vnd fruchtbar Bäum/
Sich frewdig werden zieren/
Mit weichem Obs/ mit Kinder Träum/
Nuß/ Apffel/ Kirsch vnd Biren.
Die Biren gelb/ die Apffel roth/
Wie purpur die Granaten/
Die Pfersich bleich wie falber todt/
Die Kirschen schwartz gerahten.
O Gott ich sing von Hertzen mein/
Gelobet muss der Schöpffer sein.
16. Deß obs ich schier ohn zahl erblick/
Vnd thut sichs immer mehren/
Citronen/ Quitten/ Pflaumen dick/
Fast alle Näst beschwären:

Man-

Pomrantzen gülden von gestalt/
Seynd viel in warmen Landen/
Da leucht mit Gold wol mancher waldt/
Als newlich hab verstanden.
O Gott ich sing von Hertzen mein/
Gelobet muss der Schöpffer sein.

17. Der Rebenstock voll Trauben schwär/
An Pfählen lieblich scheinet/
Als gleich ein wolgewaffnet Heer/
An spiessen angeleinet.
Da samblet sich das Reben Blut/
Zu süssen Trauben Zähren;
Die machen vns den frischen muth/
Was will man mehr begehren?
O Gott ich sing von Hertzen mein/
Gelobet muss der Schöpffer sein.

18. Die reine Flüß Crystallen klar/
Verbremt mit grünen weiden/
Von schatten schier bedecket gar/
Die Sonnen-Hitz vermeiden.
Sich üben dort mit schwimmen viel/
In schnee gefärbte Schwanen.
Dort haltens ihre Frewden-spiel/
Auff glatten wasser planen.
O Gott ich sing von Hertzen mein/
Gelobet muss der Schöpffer sein.

19. Die Thier auff grünen Felden breit/
Sich frisch vnd frewdig zeigen.
Das wildt in denckel wälden weit/
Dem Jäger zeigt die Feigen:
Die Vögel auch in freyem zug/
In Lufften frewdig spielen/

[illegible]

Daß vns empfang mit süssem Thon/
Vnd lieblich hin begleite.
O Gott ich sing von Hertzen mein,
Gelobet muss der Schöpffer sein.
4. Für vns die schöne Nachtigal
Den Sommer laut begrüsset/
Ihr Stimmlein vber Berg vnd Thal
Den gantzen Lufft versüsset.
Die Vöglein zart in grosser meng
Busch/ Heck/ vnd Feldt durchstreiffen/
Die Nester schon seynd ihn zu eng/
Der Lufft klingt voller Pfeiffen.
O Gott ich sing von Hertzen mein,
Gelobet muss der Schöpffer sein.
5 Wer legt nun ihn den Thon in Mundt/
Dan laut/ vnd dan so leise?
Wer circklet ihn so rein vnd rund/
So mannigfältig weise?
Wer messet ihn den Athem zu/
Daß mögens vollen führen
Den gantzen Tag fast ohne Ruh
So frewdigs tute-lüren?
O Gott ich sing von Hertzen mein,
Gelobet muss der Schöpffer sein.
6. Jetz lauffen wider starck/ vnd fest/
So Winterzeits gestanden
All Flüß/ vnd Wässer in Arrest/
Bestrickt mit Eyßes Banden:
Jetzt kalter Lufft/ vnd stawre Windt/
Vns wider seynd versöhnet/
Der Taw mit weissen Perlen lind
Die Felder lieblich crönet.

O Gott ich sing von Hertzen mein,
Gelobet muss der Schöpffer sein.

7. Jetz öffnet sich der Erdenschoß/
Die Brünnlein frölich springen;
Jetz Laub und Graß sich geben bloß/
Die Pflänzlein anher dringen.
Wer wird die Kräuter mannigfalt/
In Zahl und Ziffer zwingen.
Welch uns der Sommer mit gewalt
Ans Liecht wird stündlich bringen?
O Gott ich sing von Hertzen mein,
Gelobet muss der Schöpffer sein.

8. Die Blümlein/ schaw/ wie trettens an/
Und wunder schön sich arten/
Violen/ Rosen/ Tulipan/
All Kleynod stoltz im Garten/
Jacynthen/ und Gamanderlein/
Dan Saffran/ und Lavendel/
Auch Schwertlein/ Gilgen/ Nägelein/
Narciß/ und Sonnenwendel.
O Gott ich sing von Hertzen mein,
Gelobet muss der Schöpffer sein.

9. Ey da/ du gülden Käysers Cron/
Auß vielen außerkohren/
Auch tausent schön/ und wider ton/
Nasturtz/ und Rittersporen/
Je länger lieber/ Sonnen tau/
Basilien/ Brunellen/
Agleyen auch/ und Bärenklaw/
Dan Monsam/ Glock/ und Schellen.
O Gott ich sing von Hertzen mein,
Gelobet muss der Schöpffer sein.

10. Mein

10. Nein saget an/ ihr Blümlein zart/
Und laßt michs jedoch wissen/
Weil ihr an euch kein Farb gespart/
Wer hat euch vorgerissen?
Wo nahmet ihr das muster her/
Davon ihr euch copeyet?
Das Fürbild wolt ich schawen ger/
Welches ihr hatt conterfeyet.
O Gott ich sing von Hertzen mein/
Gelobet muss der Schöpffer sein.

11. Wer mag nun je gebohren seyn/
So reich von scharffen sinnen/
Der auch das gringstes Pfläntzelein/
Nur schlechtlich dörfft beginnen?
Die warheit sag ich rund/ und glatt/
Dan würd all sinn zerrinnen/
Wer nur auch dächt ein eintzig Blat/
Auß Menschen Kunst erspinnen.
O Gott ich sing von Hertzen mein/
Gelobet muss der Schöpffer sein.

12. Das Feld/ und wisen feucht/ und feist/
Mit Bächlein viel zerspalten/
Die Sonn wan sie vorüber reist/
Mit ihrer schön auffhalten:
Nun wundert sich der Himmel selb/
Wie zierlich understralet
Mit Graaß/ und Früchten grün/ und gelb/
Das Erdreich sich gemahlet.
O Gott ich sing von Hertzen mein/
Gelobet muss der Schöpffer sein.

13. Wer treibet auß Getreid/ und Graß
Wer locket's an die Sonnen

Weils in der Erd verwirret saß/
Wer hats hinauß gesponnen?
Wer schärpfft den Ahren ihre Spitz?
Wer thut die Körnle zehlen?
Wo nemmens doch die Kunst/ vnd Witz
Das nie der Art verfehlen?
O Gott ich sing von Hertzen mein/
Gelobet muss der Schöpffer sein.
14. Die stoltze Bäum in wälden wildt/
Seynd zierlich außgebreitet/
O nur auß Erd geschnitzte Bildt!
Ohn werck vnd zeug bereitet/
Wer thät in lufft euch richten auff?
Wer gab das grün den Zweigen?
Wo war so viel der Farb zu kauff?
Für wunder muß ich schweigen.
O Gott ich sing von Hertzen mein/
Gelobet muss der Schöpffer sein.
15. Bald auch die zahm/ vnd fruchtbar Bäum/
Sich frewdig werden zieren/
Mit weichem Obs/ mit Kinder Träum/
Nuß/ Apffel/ Kirsch- vnd Biren.
Die Biren gelb/ die Apffel roth/
Wie purpur die Granaten/
Die Pfersich bleich wie falber todt/
Die Kirschen schwartz gerahten.
O Gott ich sing von Hertzen mein/
Gelobet muss der Schöpffer sein.
16. Deß obs ich schier ohn zahl erblick/
Vnd thut sichs immer mehren/
Citronen/ Quitten/ Pflaumen dick/
Fast alle Näst beschwären:

Pom

Pomrantzen gülden von gestalt/
Seynd viel in warmen Landen/
Da leucht mit Gold wol mancher waldt/
Als newlich hab verstanden.
O Gott ich sing von Hertzen mein/
Gelobet muss der Schöpffer sein.

17. Der Rebenstock voll Trauben schwär/
An Pfählen lieblich scheinet/
Als gleich ein wolgewaffnet Heer/
An spiessen angeleinet.
Da samblet sich das Reben Blut/
Zu süssen Trauben Zähren;
Die machen vns den frischen muth/
Was will man mehr begehren?
O Gott ich sing von Hertzen mein/
Gelobet muss der Schöpffer sein.

18. Die reine Flüß Crystallen klar/
Verbremt mit grünen weiden/
Von schatten schier bedecket gar/
Die Sonnen-Hitz vermeiden.
Sich üben dort mit schwimmen viel/
In schnee gefärbte Schwanen.
Dort haltens ihre Frewden-spiel/
Auff glatten wasser planen.
O Gott ich sing von Hertzen mein/
Gelobet muss der Schöpffer sein.

19. Die Thier auff grünen Felden breit/
Sich frisch vnd frewdig zeigen.
Das wildt in dunckel wälden weit/
Dem Jäger zeigt die Feigen:
Die Vögel auch in freyem zug/
In Lufften frewdig spielen/

Mit

Mit hin vnd her gewendtem flug
Zum Ehren-Cräntzlein zielen.
O Gott ich sing von Hertzen mein/
Gelobet muss der Schöpffer sein.

20. Wo nur das Aug man wendet hin/
Mit lüsten wirds ergetzet;
Ergetzet wird fast jeder Sinn/
Vnd alles wunder schetzet;
Ohn maß ist alle Welt geschmückt/
Wer Künstler möchts erdencken?
Wers recht bedenckt/ wird gar verzückt/
Das Haupt thut nider sencken.
O Gott ich sing von Hertzen mein/
Gelobet muss der Schöpffer sein

21. Drumb lobet ihn ihr Menschen Kind/
Bey nun so schönen zeiten:
All Trawrigkeit nur schlitt in wind/
Spannt auff die beste seyten:
Auff Harpff/ vnd Lauten tastet frey/
Schneid an die süsse Geigen/
Mit reiner stimm/ vnd Orgel schrey/
Thut ihm all Ehr erzeigen.
O Gott ich sing von Hertzen mein/
Gelobet muss der Schöpffer sein.

Lob deß Schöpffers / darin ein kleines Wercklein seiner Weißheit/ nemblich die wunder liebliche Handthierung der Immen oder Bienen beschrieben wird.

1. MIt deiner Lieb vmbgeben/
O Schöpffer aller Ding/
Im trawren muß ich leben/

Wan ich von dir nit sing.
Von Wercken deiner Hände/
Von Wercken auch gering/
Von bienen ich dir sende/
Was ich heut new erkling.

2. Wan ich bey deinen Wercken/
Die Wunder dein betracht/
Zur Lieb sie mich erstärcken/
Der Eyffer schöpffen macht/
O Gott wan dich zu loben/
Ich nit von Hertzen denck/
Mich lebend vnverschoben/
In tieff vnd grund versenck.

3. Wolan/ will heut erklingen/
Ein wercklein deiner Händt/
Wil zarte Verßlein zwingen/
Von Immen wol bekändt.
Nemt war/ ihr Menschen Seelen/
Dem Schöpffer dencket nach/
Wil sauber nichts verheelen/
Was euch belüsten mag.

4. Auff/auff/ ihr kleine Bienen/
Der Winter ist fürbey:
Schon gaffen jetz/vnd gienen/
Die Blümlein allerley.
Auff/auff/die Blümlein gaffen/
Zu Feldt noch flieget heut/
Auff/auff/mit wehr vnd waffen/
Euch schickt zur Blumen-beut.

5. Ey da sie schon erbrommen/
Zu Feldt sich stellen ein/

Starck rühren sie die Trommen.
  Die gelbe Kriegerlein/
Sie weit/vnd breit mit Sorgen
  Erforschen ihren Raub/
So draussen ligt verborgen
  In weichem Blumen-laub.
6. Vom Raub sie nur sich nehren/
  Nur leben sie der Beut/
Doch jemand nit beschwären/
  Verschönen Landt vnd Leuth.
Sie zielen scharpff mit Augen/
  Zum reichsten Blümlein zart/
Von ihnen Schätz ersaugen/
  Ji Blätlein eingeschart.
7. Sie gleich das best erheben/
  Das beste Blumen-Blut/
Vnd bleiben doch beyneben/
  Die Blümlein wohl gemuth:
Gar starck vnd immer zahlen
  Die Blümlein ihren Zoll/
Vnd bleiben alle mahlen/
  Jedoch [illegible]ben voll.
8. Ob schon die Schätz erhoben/
  Ob schon sie plündert auß/
Doch schwebens je noch oben/
  Verbleiben eben krauß.
Ihr Zänlein wohl gewetzet
  Die Bienlein schlagen an/
Doch allweg vnverletzet
  Die Blümlein lassen stahn.
9. Kein Blättlein sie zerbeissen/
  Kein Härlein tränckens nicht/

Reltz äderlein zerspleissen/
Als wie mans täglich sihet.
O wol wie friedlichs Rauben!
Wie süsser Blumen-Krieg!
In Honig/ muß ich glauben/
Verwendt sich aller Sieg.

10. In lauter Wachs und Hönig
Verwendt sich alle Beut/
So mancher Fürst und König
Geneust mit Hertzen Frewd.
Von Blumen was sie schaben/
Was da sie frücklen auß/
Wird gleich zur Honig waben/
Wans ihnen kombt nach Hauß.

11. Drumb zeitlich dan sie rühren
Die schwancke Federlein/
Den süssen Raub einführen/
Und heimwarts kehren ein
Mit Flügeln dünn gezogen
Von gülden Pergamen/
Sie dickmals (ungelogen)
Zwo kleiner Meyien gehn.

12. Man wil daß etlich sterben/
Von viel zu stätem fluch/
Weils sich zu gar beworben/
Wan sie nit funden gnug.
In Stein und Felsen rissen/
An örten steinig hart/
Offt habens abgeschlissen/
Wol halbe Flügel zart.

13. Sie fleissig aller Enden/
Und Orten späth/ und früh/

Den gelben Safft entwenden/
Von Bäum vnd Hecken blüh.
Wo nur sich bloß erweisen/
Die glitzend Blümelein/
Da werdens gleich zur Speisen/
Den Hönig Vögelein.
14. Wan wol dan hat gezehret/
Das Völcklein Honig süß/
Es mit dem Rest beschweret/
Die beyde hinderfüß/
In Lufft sie mächtig tretten/
Mit Brommen vnd Gesauß:
Bey Trommel/vnd Trompetten/
Sie fahren reich nach Hauß.
15. Offt förchtens vnderwegen/
Daß nit von ihrem Zweck/
Wan wind sich gunt zu regen/
Er sie mögt blasen wegk.
Sich drumb dan bas beladen/
Mit kleinen Steinelein;
So schwebens ohne Schaden/
Weil dan sie schwärer seyn.
16 Offt wan sie sich verweilet/
Auff gar zu blosem Feldt/
Vom Abend vbereilet/
Ohn Vnderschleiff vnd Zelt/
Fürnemblich dan sie sorgen/
Für ihre Flügel zart/
Daß die biß auff den morgen/
Für feuchte seyn bewahrt
17. Damits dan je nit werden/
Berührt von feuchtem Taw/

Sich legen sie zur Erden
Mit Vortheil gar genaw:
Sich legens auff den Rucken/
Vnd also schlaffen ein:
So bleiben je noch trucken
Die gülden Flitterlein:

18 Bald wan die Morgenstunden
Mit Rosen roth vmbgürt:
Den süssen Schlaff entbunden/
Gleich fassens ihre Bürd/
Gleich wider sie dan schwingen
Die flache Federlein/
Nach Hauß die Beuten bringen/
Bey kühlem purpur-Schein.

19. Wan endlich dan sie kommen
Zur edlen wachsen-Burg/
Für Frewden stärcker brommen/
Sich tummlen durch vnd durch.
Gleich rüstet sich zum grüssen
Was blieben war daheim/
Den Gästen streicht von Füssen/
Das Honig/ Wachs/ vnd Leim.

20. Wer mags dan je ersinnen/
Mit welcher Zierd vnd Kunst
Das werck sie da beginnen
In lauter schwartzem Dunst.
Viel wunder von Gebäwen/
Viel Häußlein auff das best:
Im duncklen gar ohn schewen/
Sie da dan gründen fest.

21. Die klare Sonn dort oben/
Der himlisch Augenball/

So sonsten hoch erhoben
Sich wirbelt vberall.
Mit seinen starcken Pfeilen
Mag da nit bohren ein/
Muß draussen ja verweilen/
Nimbt nie den Augenschein.
22. Dem Tag sie weichen ferne/
Verkleben ihm die Riß/
Daß niemant nichts erlerne/
Noch ihre Stücklein wiß.
Die schöne Kunst verborgen
Bißher bleibt in geheim;
Der Leser muß mirs borgen/
Kombt nit zu meine Reim:
23. Ein König doch erwehlen/
Die stoltze Bürgerschafft;
Wie der dan thut befehlen/
Verwirckens ihren Safft:
All Aempter er ertheilet/
Gibt alles weißlich an/
Gleich niemand sich verweilet/
Seynd ihm gäntz Vnderthan.
24. Gleich die dan ihn begleiten/
Vnd lauffn ihm zur Hand:
Gleich die dan draussen streiten
Für ihre Burg vnd Land:
Gleich die den Pöffel führen/
Versorgen alle Wacht:
Gleich die den Lufft erspüren
Auffs Wetter gebend acht.
25. Gleich die zu Felde fahren/
Mehr Arbeit führen bey:

Gleich die/die Flügel sparen/
Daheim sich brauchen frey:
Gleich die das Honig tragen/
Gleich die den feuchten Taw:
Gleich die den mörtel schlagen/
Vnd mauren ihren Baw.
26. Das Völcklein vnverdrossen
Starck bawt ohn Vnderlaß/
Vnd brauchets ohn verstossen
Noch bley/noch winckelmaß.
Von bretter/holtz/noch steinen/
Kein splitter brauchens nicht/
Vnd doch (wer wolt es meynen)
Der schöne Baw geschicht:
27. Von Blümlein ist erwehlet
Der Bawzeug nagel new/
In Häußlein vngezehlet
Sich theilt das geld Gebäw.
Von Wachs gar dünn getrieben
Seynd alle maur vnd wänd;
Balliert/vnd glatt gerieben/
In Zeltlein abgetrent.
28. Dort nemens dan besonder
Zur wohnung ihre Plätz:
Dort samlens auch mit wunder/
Vnd mehrens ihre schätz.
Auch örtlein ihn erkiesen
Da zielens ihre Zucht/
Biß die recht vnderwiesen/
Auch gleiche Nahrung sucht.
29. Die Zimmer vnderscheiden/
Versüssens mit Geruch;

Sie stanck noch kaust erleiden/
Er draussen fält im Flug.
Dan drinnen sie sich sparen;
Sich halten pur vnd rein;
Recht sauber sie bewahren
Die Zelt vnd Kämmerlein.
30 Sie häuffig sich vermehren/
Doch keusch/ohn Heyrath seyn;
Ohn Lieb sie sich beschwären
Mit süssen Kinderlein.
Sie nur von Blumen lesen
Die kleinen ihrer Art;
Da findet sich das wesen
All ihrer Erben zart.
31. Wan dan die schöne Jugent
Sich nehret allgemach,
Sie gleich der Vätter Tugent/
Vnd Freyheit strebet nach:
Sie sich von Mitgenossen
Im schwarm zertheilen ab/
Von Hauß mit Frewden stossen
In vollem flügel-trab.
32. Starck blasen sie zum lermen/
Gar schwirig von Geblüt;
In stoltzem zug vnd schwermen/
Das munter Bürßlein müt.
Ade du süsses Heimet;
Ade du mutter-schoß;
Hinaussen vngezeimet
Sich waget vnser stoß.
33 Schaw da/wie schön muntiret/
Wie schön gebutzter Hauff!

In Lüfften er braviret/
Zun wolcken schwebet auff:
Frisch hin vnd her sich schwencket
Die gülden-gelbe Schaar/
Nach frembdem Land gedencket/
Ihr Hauß verlasset gar.
34. Her/her nun Pfann/vnd becken/
Schlagt auff/ daß gütlich kling/
Vnd last den Schwarm erschröcken/
Daß nit er gar entspring.
Schlagt auff ting-tang-ting-tyren:
Ting-tang.ting tyren-tang:
Laß ihm noch baß hoffiren
Mit lindem Becken-Klang.
35 Gleich da laßt ihm gesagen
Der stossend Bienen Schwarm/
Schon kühlet/vnd zerschlagen
Ist ihm das Müthlein warm/
Er herwarts thut sich lencken/
Wil schon sich kleben an,
Schaw dorten er bleibt hencken/
Man ihn dort fassen kan.
36 Der Hüter sich bereite
Zum newen Bienen Stock/
Da drein dan er sie leite/
Sie sanfft/vnd süßlich lock:
Der Stock soll sein bestriechen
Mit edlem Thymian/
Wans nur das Kräutlein riechen/
Sie gern sich halten lan.
37 Gleich hebens an zu wohnen
In also frischem Sitz/

Vnd reichlich den belohnen/
Der sie nimbt in Besitz/
Die jung vnd alte Bienen/
Gar häuffig ohne Zahl
Den Menschen trewlich dienen/
Zur süssen Speiß/vnd mahl.

38. Gar sparsam sie sich nehren/
Gar leben sie genaw:
Nur wir/wir ihn entlären
Die Körb/vnd reichen Baw.
Sie nur den frembden Gästen
Die Reichthumb haben spart/
Vnd vns gethan zum besten/
So manche Blumen fahrt.

39 Wer wil nun vberdencken/
Was hoch-vnd schwären Tax/
Der Welt sie jährlich schencken/
An Hönig/vnd an Wachs?
Mit vielmahl tausend tausend
Ducaten roth von Goldt/
Vnd je noch tausend/tausend
Mans nie bezahlen solt,

40. Wer Mensch mags auch erdencken
Was jährlich ohn Verzug
Dem lieben Gott sie schencken
Auß ihrem Blumen-flug?
Sie tausend/tausend/tausend
Ihm Liechter zünden an/
So Tag vnd Nacht in tausend
Vnd tausend Kirchen stahn

41 Dem Schöpffer sie zun Ehren
In lind gewircktem Flachs

Vnzahlbar Fewr ernehren/
Von geld vnd weissem wachs.
Vnzahlbar ihm Laternen
Erhaltens Tag zu Tag.
In warheit sie den Sternen
Mit nichtens gebens nach.

42. O Schöpffer der Naturen!
Hoch schwellet mir der muth/
Wan dich der Creaturen
Man danckbar loben thut:
Nun dancken wir von Hertzen
Dem Schöpffer lieb vnd werth/
Dem sie so manche Kertzen
Verehren vnbeschwert.

43. Ihr Vöcker vil auff Erden/
Ihr Menschen alle gar;
Frisch/frölich in Geberden
Vor ihm euch stellet dar:
Ihm dancket seiner Gaben/
Der Vöglein wunder fein/
Deß Wachs vnd Honigwaben/
So wunder süß vnd rein.

44. Steigt auff/vnd steigt hinunder
In allen wercken sein:
Rufft vberall/wie wunder
Muß er doch selber seyn?
Ruff vberall/wie wunder
Seynd alle Wunder fein!
Wie wunder/vnd wie wunder
Muß er dan selber seyn!

Ander Lob Gottes; vnd ist der 48.
Psalm Davids Poetisch auffgesetzt.

1 Nun lobet Gott von Himmel ab
Ihr Gottes edel Knaben/
Euch er den Geist vnd wesen gab/
O wol der schönen Gaben!
Euch er mit lauter Frewden Flamm/
Mit Lüsten thät vmbgeben;
Für Frewden groß ihr allesamm
Ohn Vnderlaß thut beben.

2. Auch lobe Gott du gelbe schaar/
Ihr Sternen wol gezündet.
Du Sonn/vnd Monn ihr Kuglen klar/
Ihr Circkel wol gegründet:
Ihr Himmel weit vnd breit erleucht/
Ihr Tempel wol gezieret/
Rund vber euch mit wasser feucht/
Von aussen verglasieret.

3. Nun preiset ihn mit klarem schein:
Thut ihm der Gnaden dancken:
Was er gebeut/muß fertig seyn/
Muß ewiglich nit wancken:
Er sprach so gar ein kleines wort/
Klein vnter alle massen/
Da spranget ihr auß nichten fort/
Vnd lieff in runden strassen.

4. Drinn lauffet ihr noch heut zu Tag/
Vnd wehet vns die Zeiten/
Thut mit geschecktem Vnderschlag,
Den Tag vnd Nacht bereiten.
Er zeichnet euch die ziel vnd maß/

Er weiset euch mit Sinnen;
Da wircket ihr ohn Vnderlaß/
Was Sonn/vnd Sternen spinnen.
5. Auch lobet Gott von Erden auff
Ihr Drachen auß den Klufften.
Ihr Wallfisch/tieff auß saltzem sauff;
Wind/Sauß vnd Brauß in Lüfften?
Auch Hagel weiß/auch Flocken greiß
Von Schnee vnd Eyß entzogen:
Auch Dämpff/vnd Fewr/Blitz vngehewr/
Zusampt dem Regen-Bogen.
6. Auch lobet ihn ihr stoltze Berg/
Ihr hoch vnd starcke Risen:
Auch kleine Bühlein/kleine Zwerg/
Auch flaches Feld/vnd wiesen.
Auch grüne Stauden/Bäum/vnd Zweig/
Von Früchten tieff gebogen;
Auch Ceder-holtz den wolcken gleich/
In Lüfften hoch erzogen.
7. Ihr Thier/Gewürm/vnd wilde Rott/
Mit keiner Zahl zu greiffen,
So weit in wälden ohn Verbott
Die grüne Baan durchstreiffen:
Auch du so schwanckes Feder-vieh/
So thust in Lüfften schiffen/
Vnd zierlich trillest je/vnd je
Die Zünglein rein geschliffen:
8. Ihr König/Fürsten/Richter groß/
Ihr Völcker vngezehlet/
Ihr kleinen auff der Mutter Schoß/
Ihr Jüngling vnvermählet/
Ihr Töchter auch noch vnversagt/

Noch bloß in gülden Haaren/
Dan auch ihr Alten hoch betagt/
Bewandert weit in Jahren/
Recht preiset ihn mit Jubelschall/
Mit Händen schlagt zusammen/
Springt auff vnd schreyet vberall/
Erhebet ihn mit Nahmen.
Fült an den Lufft mit süssem sang/
Mit Harpffen/ Laut vnd Geigen/
Mit Noten kurtz/ vnd Noten lang
Thut auff zun wolcken steigen.
10 Er immerdar hat gütlich than/
Den Schäfflein seiner Heerden/
Er setzet endlich oben an
Die liebsten sein auff Erden.
Drumb lobet ihn mit bestem thon/
Den Psalter hoch erhebet:
Sein ist der Scepter/ sein die Cron;
Vor ihm Erd/ Himmel bebet.

Ander Lob auß den Wercken Gottes.

1. EIn Liedlein süß wolt stimmen an/
Ihr wolgespante Seiten/
Ihr Lauten/ Geigen/ Dulcian,
Ihr Cymbel/ Harpff/ vnd Fleuten/
Posaun/ Cornet/ Trompeten klar/
Auch Hörner krum gebogen/
Gott loben sollet ihr fürwahr/
Sagt an/ was euch will frogen.
2. wer hat in Gold/ vnd Silber-Stück/
Die Sonn vnd Mon gekleidet?
wer hats gemacht so schnell vnd flück
Daß nie kein Pfeil erleidet?

Wer hat die Sternen zündet an?
Wer hats gezehlt mit Namen?
Wer hats mit wesen angethan/
Da sie von nichten kamen?
3. Wer läret auß den vollen Mon?
Wer schleiffet ihm die Spitzen?
Wer heist die Flüß von Felsen gahn?
Wer macht die Brünlein spritzen?
wer wicklet hoch in wolcken ein/
Die Spitz der wilden Bergen?
wer thut den lieben Sonnenschein/
Mit schwartzer Nacht verbergen?
4. wer farbet vns die Morgenröth/
Mit Purpur zart gerieben?
wer thut/ was vns die Nacht getödt/
Ans Liecht bald wider schieben?
wer heißt von wolcken springen ab
Die Blitz in eyl entflogen?
Wer zuckt die wind in vollem trab?
wer spant den Regenbogen?
5. Wer wirfft auß beyden Händen voll
Reiff/ Hagel rund gefroren?
wer spinnet vns die winter-woll/
Den Schnee so rein geschoren?
wer zäumet auff mit Eyß vnd Kält
Die stoltze wasser-wogen?
wer ist/ ders Meer in Züchten hält/
Wans kombt in Grimm gezogen?
6. Wer gibt der Erden lebens Krafft
Daß nie von Alter sterbe?
Wer träncket sie mit wolcken-safft/
Daß nie von Hitz verderbe?

Wer nehret wild/ vnd zahmes vieh?
Wer sorget ihm die Speisen?
Daß endlich doch noch manglet nie/
Wie deutlich steht zu weisen.

7. Allein/ allein ist vnser Gott/
Der Thaten groß verrichtet:
So bald nur schallet sein Gebott;
All Streit ist schon geschlichtet.
Da lauffens ihm in eyl zu Hand
Geschöpff nach seinen Sinnen;
Voll seiner Krafft wird alles Land/
Viel wunder da beginnen.

8. Sein will vnd werck im selben Schritt/
Im selben Glid passiren/
Kein Härlein eins vors ander tritt/
Mag ihm ja nichts falliren.
Was er dan will/ thut er behendt
In gleichem Punct verrichten;
Was er auch will/ thut vnverwendt
In gleichem Punct zernichten.

9. Drumb nur zu loben fanget an
Ihr wolgespante Seiten/
Ihr Lauten/ Geigen/ dulcian/
Ihr Cymbel/ Harpff/ vnd Fleuten/
Posaun/ Cornet/ Trompeten klar/
Auch Hörner krumm gebogen/
Gott loben sollet ihr fürwahr/
Was will man weiters frogen?

Die Geschöpff Gottes werden zu seinem Lob ermahnet.

1. WOllauff/ ihr volle Seiten-spiel/
Stimmt an die Silber-zungen/

Die seiten stimmet an subtil/
Stimmt an / was je geklungen;
Stimmt an dem werth vnd lieben Gott/
Euch laßt in Frewden mercken:
Singt immer/immer ohn Verbott/
Vnd singt von seinen wercken.

2. Er setzet vns die Tag vnd Jahr/
Er spaltet ab die Zeiten:
Dort stellet er den Sommer klar/
Den Winter dort beyseiten;
Dan auch den Herbst vnd Frühling beyd/
In gleicher läng durch-schnitten/
Er ihnen stellt zum Vnderscheid/
Recht dort/vnd dort in mitten:

3. Zu Nacht er vns den Himmel blaw/
Mit Flämlein schön bespritzet/
Die glantzen wie der stoltze Pfaw/
Wan er voll spieglen glitzet.
Zu Tag er vns mit schönem schein/
Gar freundlich vberschwimmet/
Wan Phœbus mit den stralen sein/
Den höchsten Grad erklimmet.

4. Er schicket auß die Vögelein/
Auff läre wolcken-strassen;
Er mahlet ihn die Federlein/
Schön vber alle massen;
Er schleiffet ihn die schnäbelein/
Er löset ihn die Zungen/
Da singlen sie dem Namen sein/
Gar hoch in lufft erschwungen:

5. Das grosse meer vnd wasser klein/
Heißt er die Welt befeuchten:
Die wässer all mit lindem schein/
Wie glaß vnd silber leuchten:
Da nehret er die nasse Burß/
In schuppen glatt bekleidet/
So stumm/ohn stimmen/ohn discurs
Die Feuchte reich zerschneidet.
6. Grün färbet Er den Erdenklotz/
Mit Blümlein vntermahlet;
Die bieten auch den Sternen Trotz/
Nur wären sie bestralet:
Die Kräuter auch vnzahlbar vil
Berüffet er mit Namen/
Bestimmet ihnen maß vnd ziel
An wurtzel vnd an samen.
7. Er richtet auff die Felsen stoltz/
Die Berg er hoch erhebet;
Er krönet sie mit Cederholtz/
Daß gleich den wolcken schwebet.
Er züglet auff so manchen wald/
Mit Nästen wol bekleidet;
Er da dem Wild schafft Vnderhalt/
So Feld vnd Menschen weidet.
8. Er speist die junge Raben-Kind/
Wan d' alten sie verlassen;
Vnd/weils noch vngeferbet sind/
Die zarte Frucht verhassen.
Er speiset Mensch/vnd alles Vieh/
Laßt Kraut/vnd Früchten wachsen;
Gibt wol feyl alles dort vnd hie/
Gar träglich seyn die taxen.

9. Dem Vieh/sampt vns hat er bereit/
Die Felder/Berg/vnd Wiesen/
Gibt ihm das Graß/vnd vns Getraid
Oel/Trauben hoch gepriesen.
Die Trauben geben jenen Tranck/
Der in vns trawren labet/
Der vns/wan schon wir ligen kranck/
Mit frischem Sinn begabet.
10. Er heist die wind auß Norden kalt
Das hohe Meer bestraffen:
Da klinglen starck das grausam schallt/
Die klare Wasser-wapffen:
Da springt in stuck gar manche Flut/
Das Vfer laut erbrüllet:
Den Lufft er gantz in Eyffer muht
Mit Schaum/vnd Klang erfüllet.
11 Er spannet auch die schnelle wind
An seinem Wolcken-wagen:
Da laufft das schnauffend Lufft-gesind/
Vnd ihn mit Frewden tragen:
Er schiesset ab die rothe Strall/
In brausen eingeflochten:
Das Meer gab nie so starcken schall/
Wan schon all wallen pochten.
12. Da bebet wild vnd zahmes Holtz/
Die Straff erzückt von ieder:
Vor ihm fleugt her der wetter-boltz/
Mit seiner gülden Feder.
Er thut mit stoltzer wolcken-stimm/
Den Lufft in Zorn zerreissen;
So kühlet er dan seinen Grimm/
Macht Berg vnd Felsen spleissen.

13. Drumb

13. Drumb nur ihr hole Seiten-spiel/
Stimmt an die silber Zungen:
Die Seiten stimmet an subtil
Stimmt an/was je geklungen.
Stimmt an dem werth-vnd lieben Gott/
Euch laßt in Frewden mercken;
Singt immer/immer ohn Verbott/
Vnd singt von seinen Wercken.

Andere Ermahnung zum Lob Gottes in seinen Wercken.

1 AVff/auff/Gott wil gelobet seyn/
Der Schöpffer hoch von Ehren:
Vns laßt die Laut vnd Harpffen rein/
Mit Seiten süß vermehren.
Die Sonn mit edlem Stralen-Krantz/
Den Schöpffer täglich weiset/
Der Mon mit rundem Sternen-Tantz/
Den Schöpffer nächtlich preiset.
2. Auff/auff/Gott wil gelobet seyn/
Der Schöpffer groß von machten;
Ich bey dem Sonn/vnd Sternen-Schein
Thu seinen Glantz erachten.
Wie klar muß er dan leuchten selb/
Wie wunder/wunder glitzen?
Weil jene Fackeln gülden gelb/
So reines Liecht besitzen.
3. Auff/auff/Gott wil gelobet seyn/
Du blawes Feld/vnd wasen:
Euch Himmel ich dort oben mein/
Ihr Zelt von Glaß geblasen:
Auch ihr vnsichtbar wässer klar/

So droben aller wegen
Von aussen bleibet immerdar/
Den Himmlen vberlegen.
4 Auff/auff/Gott will gelobet seyn/
Ihr Erd- vnd Himmel-Globen:
Ihn loben alle Geister sein/
Im Tempel sein dort oben.
Fast alles voller seiner macht
Laut vberall erschallet;
Das Meer in stäter wällen-Jagt
Mit Brüllen weit erknallet.
5. Auff/auff/Gott will gelobet seyn:
Ihn loben Wind vnd Regen/
Ihn loben Blitz vnd Wetterschein/
Zusampt den Donner-schlägen:
Ihn lobet auch der Regen-kreiß/
Der Bogen bunt gefärbet;
Reiff/Wetter/Wind/vnd Sommer-Eyß*
In Kisel klein zerkerbet.
6. Auff/auff/Gott wil gelobet seyn;
Der Lufft auch musiciret:
Die Morgenröth sich stellet ein/
Mit Rosen roth gezieret:
Die wolgemahlte Vöglein schwanck
Ihr Zünglein süßlich stimmen/
Dem Schöpffer sagens lob vnd danck/
Auff/ab/in Lüfften klimmen
7. Auff/auff/Gott wil gelobet seyn/
Last ihn mit Frewden preisen.
Schaw da die krause Vögelein
Den Lufft mit sang durchreisen;
Vns laden sie bey schöner Zeit.

Zum gleichen Jubiliren:
Vns wincken sie mit Flüglein beyd/
Mit bestem coloriren.
8. Auff/auff/Gott will gelobet seyn/
Laßt ihn mit Lüsten preisen/
Geschöpff vns laden groß vnd Klein/
Zum Lob vns vnderweisen.
Laut vberall in aller welt
Das Gottes Lob sich höret.
Wer nun mehr sich nit vnderstelt
Jst freylich ja bethöret.
9 Auff/auff Gott will gelobet seyn/
Jhm Lilgen schön vnd Rosen
Jn gelb vnd purpur Mäntelein/
Gar lieb vnd freundlich kosen.
Sie lächlen ihm gar schön geferbt
Jn kraut- vnd blumen Gärten;
Von ihm die Schönheit han ererbt
Sampt ihren Mitgefärten.
10. Auff/auff/ Gott will gelobet seyn/
Jhr Kräuter/Staud/vnd Hecken/
Jhn lobet alle Blümelein/
So nur nach ihm thun schmecken.
Jhn lobet alle Kräuter Krafft/
Mags niemand nit verneinen/
Auch Oel/Getreid vnd Reben-safft/
Den vns die Trauben weinen.
11. Auff/auff/ Gott will gelobet seyn/
Will seyn von vns geprtesen:
Jhn loben alle Berg vnd Stein/
Jhn Felder all vnd Wiesen
Jhm alles Holtz in Wälden grün/

Gar mühtig außgerecket/
So freylich aller keck vnd kühn/
Das Haupt in wolcken strecket.
12. Auff/auff/Gott will gelobet seyn;
Jhn loben Flüß vnd Brunnen/
Jhn Wässer all vnd Wässerlein/
So gang vnd lauff gewunnen.
Schaw da/ was reines wasser-glaß/
Mit Frewden kompt gezogen?
Was manche fliessend silber-gaß/
Was Bächlein krum gebogen;
13 Auff/auff/Gott will gelobet seyn/
Jhr wärm vnd heisse Bäder;
Jhr wol gesotten Stralen fein/
Du schwebelreichs Gräder.
Jhn lobet auch das Ertz vnd Stahl/
Jhn Silber Golt vnd Eysen/
Jhn alle Berg-werck vnd Metal/
Auß holer Erden preisen.
14 Auff/auff Gott will gelobet seyn/
Bey schönen Sommer-Tagen:
Laßt vnserm Gott/ laßt ihm allein/
Die Laut vnd Harpffen schlagen;
Fewr/Wasser/Lufft/Erd/aller Endt
Die Wunder sein verkünden;
Vns alle Welt vnd Element
Zu seiner Lieb entzünden.

Die Geschöpff Gottes werden außführlicher ihn zu loben angemahnet

1.

Die Engel Gottes.

Wol auff/wol auff nun lobet Gott/
Ihr Himmel-Volck dort oben:
Ihr Engel Gottes Sabaoth/
Der euch so gar erhoben.
Stäts schawet ihr sein Angesicht/
O Lust/in Lustes Brunnen!
All frewd/vnd wuñ/all glantz vnd licht/
Euch kombt von ihm gerunnen.

2. Ach daß nur alles weit vnd breit
Mit seinem Lob erfüllet/
Voll krafft/vnd macht/vnd herrlichkeit/
Von schall vnd hall erbrüllet:
Ach preiset ihn mit höchstem schall/
Mit starck vnd starckem singen/
Ob schon die Welt von hellem Knall
Auch solt in stück zerspringen.

3. Die Himmel, vnd ihre Liechter, &c.

Auch lobet Gott ihr Himmel klar/
Gewölbet von Crystallen:
Mit sampt den Flüssen alle gar/
Welch vber euch noch wallen!
Dan ihr mit wasser wurd bedeckt/
Mit wällen hoch bezogen/
Als euch der Schöpffer außgereckt/
Vnd in die Rund gebogen.

4. Ey wie so weit vnd breites Feld/
Mit Fewr vnd Flamm besaamet!
Ey wie so groß vnd reiche Zelt/

Die

Die doch auß nichten kamet!
Ey wie so schöner Fackel-pracht/
Wie schöne Liecht/vnd Sternen/
Wan ihr euch zeiget in der Nacht
Im besten Schmuck von fernen.
5. Nun lobe Gott du gülden schein/
Du silber Glantz im gleichen:
Ich euch O Sonn vnd Mon vermein/
Die Welt ihr geht vmbstreichen:
Er euch mit Liecht gefüllet hat/
Mit Schönheit hoch gezieret:
Drumb billig ihr dan früh vnd spat
Ihm allweg jubiliret.
6. Ach lobet ihn ihr Sternelein/
Zur Schiltwacht außgeschicket:
So droben ligt in Fensterlein/
Vnd fleissig nunder blicket:
Dan er hat euch/weil er gewolt/
Gemacht zu klaren Liechten:
Wan anders er auch wollen solt/
So würdet ihr zu nichten.
7. Der Lufft, vnd was im Lufft zu finden ist.
Ach lobe Gott du reiner Lufft/
Du Web gar zart gesponnen!
Zu Nachts bist nur ein schwartzer Tufft/
Biß zu der Morgen Sonnen:
Da zeigest dich in klarem Schein/
Viel weisser als die Schwanen/
Wan schon gleich außgespannet seyn
Ihr breite Feder fahnen.
8. Zu dir viel tausend Vögelein

Mit Frewd/ vnd Jubel schweben/
Zur Sangschul zu dir kommen ein/
Vnd nach dem Kräntzlein streben/
Wer wil die Stücklein zehlen all/
So die dan figuriren?
Concerten/ Fugen/ Madrigall/
Auff hundertfalt manieren.

9 In dir auch fliegen reyn vnd zart
Fast aller Ding Gestalten/
So seynd von Farben aller Art
Vnmercklich abgespalten:
Auch Athem süß von Blumen all/
All Ruch/ vnd Krafft der Erden;
All Sang vnd Klang/ all Thon vnd Schall
In dir gezielet werden.

10 Seynd vnvermischt/ ja doch vermischt/
Vereinigt vnd entscheidet:
Der Thon/ dem Ruch/ vnd Liecht entwischt/
Je eins das ander meidet.
Was nur zum jeden sinn gericht/
Was zum Gefühl/ vnd Hören/
Was zum Geschmack/ was zum Gesicht
Sich last von keim zerstören.

11. Auch lobet Gott ihr Lufft-Gewächs/
Ihr Wolcken hoch geboren/
Ihr wind/ zween/ vber fünffmahl sechs/
Ihr Hagel rund gefroren.
Ihr fliegend Flammen/ Donner/ Blitz/
Comet vns nit gewogen/
Schnee/ Reiff/ vnd Regen/ Kält vnd Hitz/
Vnd du gefärbter Bogen * Regenbogen.

12. Der Schnee da kombt/ wie sanffte Woll/

Von Wolcken abgefaimet/
Der Hagel wie die Perlen voll/
Von Kälte starck gelaimet.
Dan weil die Tropffen seynd im Fall/
Vom Frost ertappet werden;
Der backt/ vnd härtets wie Crystall/
Da kuglens ab zur Erden.
13 Der weisse Taw/ vnd Regen klar/
Gar lieblich kombt geflieſſen;
Der Regen-bogen immerdar
Sich spannet ohne schiessen.
Den klaren Blitz wir förchten mehr/
Wan groß Gewölck sich weget;
Doch lobe Gott nun eben sehr
Was nur im Lufft sich reget.
14 Er legt den Winden Flügel an/
Er gürtet ihn die Lenden/
Die Blitzer heist mit Kräfften gan/
Er schüttlet sie von Händen.
Mit Wetter/ vnd Vnwetter starck
Sein Allmacht er erzeiget;
Vor ihm erschröckt all Bein vnd Marck/
Vor ihm sich alles neiget.
15. Das Meer und alle Fisch, und Schiff, &c.
Ach lobe Gott du tieffer Grund/
Ohn Zaum so gar ergossen:
Du weites Meer/ du breiter Schlund/
Ohn Rigel weit entschlossen.
Ihr grosse Walfisch vngeschlacht/
Ihr Drachen groß ohn massen/
Die ihr mit vngezäumter Macht
Bezwingt all feuchte Strassen.

16. O groß vnd klein geschüptes Vieh/
An Zahl bist vnermessen:
Der Sand am Vfer war noch nie
Dir jemahl vbersessen.
Her/ her ihr feucht/ vnd nasse Rott/
Die Wässer schnell thut spalten/
Vnd ihm/ dem werth- vnd lieben Gott
Nur Frewden-spiel kombt halten.

17. Ihr Wasserfräwlein wohlbekandt/
Den Reyen sollet führen:
Auff Harpffen/ Geigen allerhandt/
Die beste Seyten rühren.
Wan dan die schön gemahlte Schiff
In eyl für über fliegen/
Zum Gottes Lob wend alle Griff/
Da strebet obzusiegen.

18. Ey da nun ihr vnzahlbar Schiff/
(O Wasserwaldt beschoren!)
Euch eben recht ich jetzt betriff/
O Bäum zu Land gebohren!
Ach zäumet auff den vollen Trab/
Legt hin die flache Sporen/ * * Ruder
Die Flächsen Feder * spannet ab/ * Segel
Die Zeit bleibt vnverlohren.

19. Zum Frewden-Fest nun halte ein
Mit müsset ihr zum Reyen/
Der Schöpffer wil gelobet seyn/
Euch wirds zum Heyl gedeyen.
Nun hebet an die Lauten-griff/
Ihr Fräwlein reich von Stimmen.
Auch hebet an/ ihr hole Schiff/
Gar sänfftiglich zu schwimmen.

20. Die

20. Die frembde waaren bringt zu hauß/
Weit vber Meer geholet:
Die Frewden Fähnlein stecket auff/
Mit Farben viel bestrolet.
Da krönet euch mit farber krauß/
Mit Perl vnd Edelsteinen/
Die bunte Täppich spreitet auß/
Vnd herrlich thut erscheinen.

21. Die Erd vnd alle Erdgewachs.

Auch lobe Gott mit höchstem Preyß/
O Kugel wol gerundet!
Du tausend-schöner Erden krayß/
Im lären Lufft gegründet.
Lobt ihn ihr Berg/ vnd flaches Land/
Lobt ihn ihr stoltze Felßen/
Wan euch so gar mit feuchter hand
Die Wolcken hoch vmbhälßen.

22. Auch lobet ihn ihr Ceder-bäum
Auff Bergen hoch entstanden:
Noch Holtz/ noch Höltzlein sich versäum/
Von fern/ vnd nächsten Landen.
Die zarte Zweig nun breitet auß/
Die Blättlein last erschiessen;
Euch zeigt in grünen Haaren krauß/
So gar zun Füssen fliessen.

23. Auch lobet ihn ihr Blümelein/
Viel tausentfalt entsprossen:
Ihr wild/ vnd zahme Pfläntzelein/
Mit kühlem Taw begossen:
Auch Laub vnd Graß/ vnd auch Getraid
All Früchten auff den Felden/
All grün Gewächs ohn vnderscheid/

Verborgen weit in Wälden.

24. Ja lobet ihn auch jederzeit
Ihr Ertz/vnd Glocken-speisen/
Der Erden reiches Ingewäidt/
Gold/Silber Stahl vnd Eysen.
Dan auch das Kupffer/ Zinn/ vnd Bley/
Dan schwebel/ stein/ vnd Kolen/
So täglich wir gantz keck vnd frey
Von Klufften tieff erholen.

25. Nun hetten wir vergessen schier
Der Perl/ vnd Edelsteinen/
Her/ her Carbunckel/ vnd Saphir/
Auch müsset ihr erscheinen:
Türckoisen/ vnd Schmaragden rein/
Demanten außerkohren/
Vnd ihr Crystallen mehr gemein
Wie sauber Eyß gefrohren.

26. Auch lobet Gott ihr Brünnlein klar/
Ihr Bächlein krumm gebogen/
In stätem sprung das gantze Jahr/
In stätem gang erzozen.
O stoltze Quellen mannigfalt/
O feuchte Brüst der Erden/
Bey stätem fliessen/ ohn enthalt/
Soll Gott gelobet werden.

27. Gelobet sey der Schöpffer gut/
Von dem all Wässer fliessen;
Der Früchten/ Oel/ vnd Trauben-blut
Den Menschen gibt zu niessen.
Er schafft der Erden Fruchtbarkeit/
All Seelen er ernehret/
Von ihm allein vns allezeit

Groß

Groß wolthat widerfähret.
28 Drumb lobet ihn/ du zahmes Vieh/
Du wilde zucht beyneben:
Ihr Vögel schnell/ so dort/ und hie/
Bald hoch/ bald nider schweben/
Ihr König stoltz/ ihr Völcker vil/
Ihr Jüngling grün von Jahren:
Ja auch kombt her zu diesem spil
Ihr Alten greiß von Haaren.

Das Geheimnus der Hochheiligen Dreyfaltigkeit/ so wol Theologisch als Poetisch/ wie viel geschehen können/ entworffen.

1. Ihr schöne Geister Seraphim
In Glantz/ und Fewr bekleydet/
Ihr schnelle Knaben Cherubim/
Zum Gottes Lob vereydet/
Stimmt ein zur besten Harpffen mein/
Zur Harpffen frisch beschnüret/
Zu glatt-gezielten Versen rein/
Auß höchstem Thon entführet.
2. Vom Hertzen groß/ Gott Sabaoth
Erd/ Himmel starck erschallet:
Dem einsam drey/ drey einem Gott
Das Meer/ in brausen wallet.
Ey da laßt uns mit stimmen ein/
Laßt uns die Seiten rühren/
Laßt uns bey süssen Versen rein
Die zarte Nöten führen.
3. Der Vatter/ Sohn/ und heylig Geist
Ist eines nur zusamen/

Doch drey mans je verscheiden heist/
Mit Eigenschafft vnd Namen.
Selbständig seynd Personen drey/
Sols niemand nit verneinen/
Daß diese drey doch eines sey/
Mit schrifft mans kan bescheinen.
4. Man zehlet die selbständigkeit
Vnd bleibet vnder dessen
Ein vngezehlte Wesenheit/
Vnd Gottheit vnermessen.
Ist eine Macht vnd Herrligkeit/
Ist eine Krafft vnd Stärcke/
Ist eine Größ/ vnd Ewigkeit/
O nur mich recht vermercke.
5. Der Vatter/ Gott vnd alles ist/
Allein ist er von keinem:
Der Sohn/ auch Gott vnd alles ist/
Allein ist er von einem:
Der Geist auch Gott vnd alles ist/
Allein ist er von zwenen:
Doch alles aller eigen ist/
Thut keiner nichts entlehnen.
6. Der Vatter kam auß niemand zwar/
Dich laß noch baß bescheiden/
Vom Vatter kam der Sohn fürwar/
Der Heilig Geist von beyden/
Der Sohn ist von dem Vatter sein/
Nicht ohn geburt entsprossen/
Der Geist von beyden in gemein/
Doch ohn geburt entflossen.
7. Der Sohn auß seines Vatters Schoß
Von ewigkeit gebohren/
Ist

Ist End-beginn-vnd Mutter-loß:
Verstand gibt hie verlohren.
O Sohn / du deines Vatters glantz;
O Liecht vom Liecht gezündet;
Deß Vatters wesen / vnd substantz
Vnendlich / vnergründet.

8. Das wesen sein / dir höret zu /
Das deinig ist das seine /
Bist nur was Er / vnd Er was du /
Gar fest ichs also meine:
Doch du nit bist / wer eben Er /
Auch Er / wer du mit nichten /
Wers anders meinet fehlet ferr /
Der glaub es muß entrichten.

9. Von beyden bist / O beyder Geist /
Gleich beyder fürgetretten /
Von beyden gleichsam hergereist /
Gleich beyden anzubetten.
Dem Sohn vnd Vatter / beyden gleich /
In gleich / vnd selben wesen:
Gantz eben mächtig / eben reich /
O wolstand außerlesen!

10. Dasselbig / was der Vatter ist /
Was auch der Sohn imgleichen /
Du selber auch natürlich bist /
Thut keiner keinem weichen:
Doch wer der Sohn / vnd Vatter ist /
Selb-ständig in personen /
Derselbig du mit nichten bist /
Wie wol bey selber Kronen.

11. Was du dan bist / Sohn / Vatter ist /
Das wesen aller beyden:

Wer du doch bist/ ihr keiner ist/
Personen seynd verscheyden.
Von dem/ was eben selber bist/
Ein Gott von Gott sich rühret:
Von denen/ deren keiner bist/
Dein Vrsprung sich entführet.

12. Ach führe mich in hohem Lauff/
Begleite mich in Lüfften;
Erhebe mir von Erden auff/
Die schwäre Füß/ vnd Hüfften.
Mich laß nach ferner machen kund
Dem Leser vnverdrossen/
Wie Sohn/ vnd Geist/ ihr alle Stund/
Seyd ewiglich entsprossen.

13 Der Vatter sich von Ewigkeit
Nothwendiglich betrachtet/
Sein Wesen/ Pracht/ vnd Herrlichkeit
Er mit Verstandt erachtet.
Sich selbsten er ihm bildet ein/
Vnendlich sich begreiffet;
In ihm Geschöpff/ so möglich seyn/
Im selben Blick durchstreiffet.

14. Er gründet seine tieffe Macht.
Wiewohl doch vnergründet:
Beschawet seine Pomp/ vnd Pracht/
Sein Wesen er erkündet.
Die Gottheit sein/ vnd gantzen Gwalt
Von ewig-alten Tagen
Er deutlich fasset in gestalt/
Was wil man weiter sagen?

15. Wie klar dan er sich selbst erkent/
Wie selbst sich er mag wissen/

Also steht er von ihm behend
Im Hertzen abgerissen/
Das Hertzen wort/ vnd Hertz concept/
Von ihm/ gleich ihm gezeuget/
Auch gleich mit ihm in warheit lebt:
Der Glaub vns nicht betreuget.

16 Weß wesens nun der concipist/
So selb sich concipiret;
Der schön Concept auch selber ist/
Vnendlich gleich formiret.
In ihm dieselbe Krafft/ vnd Macht
Sich zeiget vngefehlet/
Geschöpff in ihm/ als obgesagt/
Auch bleibens vnverhälet.

17 Schaw da dan zeiget sich das Bild/
Ein Gott/ von Gott gestaltet:
Ein Sohn von seinem Vatter mildt/
Im wesen vnzerspaltet:
Ein Red/ von seinem Mund gezielt/
Ein Hertz/ von seinem Hertzen/
Ein Bild/ von ihm recht abgebildt/
Ein Liecht von seiner Kertzen

18. Ein Stern/ von eben seinem Stern/
Die Sonn/ von seiner Sonnen/
Der wahre Kern von seinem Kern/
Der Bronn/ von seinem Bronnen/
Der Schein/ von eben seinem Schein/
Der Stral von seinem Stralen/
Die Weißheit/ von der Weißheit sein/
Kan besser dirs nit mahlen:

19. Gleich wie der Vatter/ so der Sohn/
Seynd eines nur sie beyden/

Ein einig Gott/ vnd zwo Persohn/
All Jrrthumb soll man meiden.
Nicht scheidet sich die Wesenheit/
Natur bleibt vnzerspaltet;
Sohn/ Vatter selben Scepter beyd
Wie der/ so der verwaltet.

20. Der Vatter gar in sich verzuckt/
Bleibt ewiglich im wesen/
Sein helles Wort/ hell abgetruckt
Er ewiglich thut lesen
Er ewig in beschawligkeit
Ob seinem Pracht erstarret/
Drumb folgends auch in ewigkeit/
Das Hertzen-wort verharret.

21. Wer will nun zierlich reissen dar/
Vnd mahlens nach dem Leben/
Wie dan sie beyde also gar
Jn Lust vnd Frewden schweben?
Wer wil beschreiben ohn verstoß/
Wie wunder dan getrieben/
Mit außgespanter Flammen groß/
Sich beyde gleich verlieben?

22 Der Vatter in so werthem Sohn
Die Schönheit sein betrachtet/
Den Vatter auch in seinem Thron
Der Sohn ohn massen achtet:
Da reget sich mit starckem trieb/
Von ein- vnd einer seiten
Ein hoch/ vnd hochgespante Lieb/
Ohn Anfang/ End/ vnd Zeiten.

23. Der Vatter seufftzet ohne Ruh.
Zu seinem Sohn verliebet;

Der Sohn ihm wider seufftzet zu/
Sich gleichem Fewr ergibet.
Zugleich dan er/ zugleich dan der
Mit gleichem Brand befangen/
Mit seufftzen hin/ mit seufftzen her
Bezeugens ihr verlangen.

24. Aha der Vatter seufftzen thut
Zu seinem Sohn geschwinde;
Aha der Sohn auch seufftzet gut/
Mit eben selbem Winde.
O schöner Sohn! du schönes Bild!
Nun lieb ich dich so sehre.
O schöner Vatter! Vatter milt!
Zu dir mich eben kehre.

25. O schöner Sohn/ du morgenschein/
Die Lieb ist vnermessen:
O schöner Vatter/ Vatter mein
Auff dich bin gar ersessen.
Ach schöner Sohn du klares Liecht/
Für Lieb ich gar erbrinne:
Ach Vatter mein/ ich freylich nicht/
Dem Fewr ich nicht entrinne.

26. Aha nun da du schöner Sohn/
Für Lieb kan mich nit lassen:
Aha nun da du meine Kron/
Aha laßt vns vmbfassen.
O Sohn du mein: du Vatter mein!
Du meine Krafft/ du meine:
Vnd ich dan dein: vnd ich bin dein.
O wollust in gemeine!
Schaw da dan kräfftig windet ab
Der seufftzer ihrer beyden.

Der süsse Geist/ die süsse Gab/
O Frewd/ ob allen Frewden!
Der Sohn/ vnd Vatter; der/ vnd der:
Gar lieb/ vnd freundlich hauchet:
Auß einem Hertzen her/ vnd her
Der Athem süßlich rauchet.

28. Von beyden kombt der Hertzen wind/
Von beyden gleich gewindet:
Ist beyder Geist/ vnd seufftzer lind/
Ahà so nie verschwindet:
Ist beyder vnzertrentes Band/
So niemahl sich entbindet:
Ist beyder Glut/ vnd Hertzenbrandt/
Ohn maß/ vnd ziel gezündet.

29. Der Sohn/ vnd Vatter ewiglich/
Ohn end/ vnd ohn beginnen/
Mit gleichem Hertzen inniglich
In gleicher Lieb erbrinnen:
Sie beyde zween/ vnd eines beyd/
Sich ewiglich vmbfassen/
So sauset/ auch in Ewigkeit/
Der Geist/ ohn vnderlassen.

30. O süsser wind/ O süsser Blast!
Von beyden her geblasen:
Erleuchte meinen Sünden last/
Heil meine Sünd/ vnd Masen.
Auch mache mich der Sünden loß/
Der Bürden vnerträglich:
Blaß auff die Ketten/ Band/ vnd Schloß/
Mit Seufftzen vnaußsprechlich.

31. O gülden Regen/ gülden fluß!
Von beyden gleich ergossen:

O gül-

O gülden Stral/ O gülden-schuß!
Von beyden fürgeschossen!
Thu nur die dürstend Hertzen dein
Mit deiner Gnad befeuchten;
Thu nur mit deinem klaren schein/
Die Kinder dein erleuchten.

32. Deß Sohns/ vnd Vatters einig Kuß/
In beyden vnzertheilet;
O starck/ vnd reicher Gnaden Guß!
So gleich all schaden heilet:
Vns deine Kinder spahr gesundt/
Das Leben vns erstrecket/
Vnd aller vnser Hertz/ vnd Mundt
Zu deinem Lob erwecke.

33. Gelobet sey der einig Gott/
Zu tausent/ tausent mahlen/
Zu tausentmahl Gott Sabaoth/
Vnd noch zu tausent mahlen;
Gelobet die Dreyfaltigkeit/
Dreyfaltig in Personen/
Gelobet die Drey-Einigkeit
Drey-Einig in der Cronen:

34. Der sey Lob/ Ehr/ vnd Preiß geleist/
Als nun/ von Zeit/ zu Zeiten/
O Vatter/ Sohn/ vnd heilig Geist/
In folgend Ewigkeiten:
Dich loben deine Seraphim/
In Glantz vnd Fewr beklaydet/
Dich loben deine Cherubim
Zu deinem Lob veräydet.

Ein Ecloga/oder Hirten-gespräch/darin zween Hirten/ einer Damon/ der ander Halton genant/je einer vmb den andern in die Welt spielen/vnd zu Nacht Gott loben/ dieweil Mon/ vnd Sternen scheinen.

Eingang.

DEr Mon auff runder Heyden war/
Vnd hütet seine Sternen;
Zween Hirten ihm da spielten zwar/
Auff Harpffen/ vnd Quinternen.
Sie führen fort mit nichten blödt
Ihm freundlich lieb-zu-kosen/
Biß gar die schöne Morgenröth/
Sich krönt mit frischen Rosen.
Der Damon/ vnd auch Halton from/
Auß süß/ gedäuten seyten
Zur wett sich trieben vmb/ vnd vmb/
Wers Kräntzlein möcht erstreitten/
Drauff eylends ich mich vnderstund
Es klüglich auffzufassen:
Doch alles ich nit setzen kund/
Must viel noch hindern lassen.

Der Hirt Damon hebet an:

O schöner Mon/du bester Hirt/
Auff blaw gefarbten Weyden/
Groß vortheil dir da widerfihrt/
Doch will dich nie beneyden.
Nur sing/vnd kling dem Schöpffer dein/
Dem Schöpffer hoch gepriesen;
Der dir so frey geraumet ein
So weit geründte Wiesen.

Der Hirt Halton.

O schöner Mon/ du bester Hirt
Bey deinen besten Schaffen/
Bey deinen sternen wol geziert/
Wan Thier/ vnd Menschen schlaffen.
Auch ich wil dir nit neydig sein/
Noch tragen dir den grollen/
Wan schon die stern/ vnd schäfflein dein
Seynd voll der gülden wollen.

Der Hirt Damon.

Nur lobe nur den Schöpffer dein/
Der dir ist wol gewogen/
Vnd dir die gülden Lämmerlein
Er selbst hat aufferzogen.
Sie nie noch keine Mütterlein/
Noch keine Brüst gesogen/
Der Schöpffer nur/ nur Er allein/
Er selbst hats aufferzogen.

Der Hirt Halton.

Er spritzet ab ein kräfftigs wort/
Von lind gerührter Zungen/
Gleich deine Schäfflein mancher sort/
In blawen Felden sprungen:
Gleich kleidet ers in gülden Woll
Auff rein glasierten wasen/
Vnd hieß alda das Bürßlein toll/
Dir stäts ob augen grasen.

Der Hirt Damon.

Wan vnser Herden dort/ vnd hie
Gar offt in wälden irren/
Die deine doch Verlauffens nie/
Noch jemahl sich verirren.

Auch vngenanter Bösewicht
Dir nie die Zahl mag schwächen:
Auch Hund/ noch stecken brauchest nicht/
Mag dir ja nichts gebrechen.

Der Hirt Halton.

Ach lobe noch den Schöpffer werth/
Der gütlich thät erachten/
Daß auch er deine gülden Herd
Nur weiden ließ bey Nachten.
Dan weil an Hirn/ vnd Häupter blöd
Sie keine Sonn vertragen/
Vnzweifflich würdens all getöd
In Sonnen-liechten Tagen.

Der Hirt Damon.

Ja lobe noch den Schöpffer milt/
Der fridlich sie macht grasen:
Der alle Wind vnd brausen stillt/
Daß nie so kräfftig blasen.
Er schönet immer deiner Herd/
Beschirmets aller wegen/
Daß immer sie berühret werd
Vom Wetter/ Schnee vnd Regen.

Der Hirt Halton.

Er schaffet ihn gesunde Wind/
Gesunde Lufft vnd Speisen/
Das ledig sie von allem leid/
Die runde Baan durchreisen/
Er leitets gleichsam an der schnur/
Auch selbst ist er nit fernen:
Nur lobe dan/ vnd lobe nur
So milt/ vnd frommen Herren.

Der Hirt Damon.

Ja lobe noch so milten Gott/
So milt/ vnd frommen Hertzen/
Dem freylich deine gülden Rott
Mit gülden Zungen schertzen.
Doch wir so ferr erhörens nicht/
Weil wir die Ohren spahren:
Wer Hertz/ vnd Sinn hin auffen richt/
Wirds je noch wohl erfahren.

Der Hirt Halton.

Die gantze gülden Schäfferey
Stäts ihm das Lob verkündet:
Stäts preisen ihn mit stillem schrey
Die Sternen glat gegründet.
Still ruffen sie die gantze Nacht:
Er warlich, Er unfehlbar,
Er, Er allein hat uns gemacht,
Und wir uns ja nit selber.

Der Hirt Damon.

O Mon du frommer Sternen-hirt/
Vns lasset beyd zusammen/
Allweil die Sonn gewecket wird/
Erheben Gottes Nahmen/
Vns laßt mit süssem Jubel-schrey
Den Schöpffer hoch verehren:
Laßt ihn von Hertzen preisen frey;
Der Tag wil wider kehren.

Der Hirt Halton

Die Morgenröth schon wachet gar/
Wil schon die Nacht verleiten/
Schon flechtets ihre purpur Haar/
Vnd wil den Tag bereiten.

Vns

Vnd laßt noch preysen allezeit/
Den Schöpffer groß von machten/
Laß feyren ihm in Frölichkeit/
Zu Morgen/ wie zu Nachten.

Andere Ecloga / oder Hirtengesang/

darin jetz gemelte beyde Hirten zu morgens früh Gott loben/allweil die schöne Sonn scheinet.

Eingang.

SChön ist in rothem Carmesin
Die Morgenröth erstanden:
Schon glantzend wie der best Rubin
Die Sonn sich zeigt verhanden/
Nur fort ihr meine Geiger beyd/
Der seyten gar nit fehlet;
Vnd bey beliebtem Reimen-streit
Die Geigen süßlich strelet.

Der Hirt Damon.

O schöne Sonn/ du klares Goldt/
Magst wohl den Schöpffer preysen/
Der immer dir sich zeiget holdt/
Auff deinen Circkel-reisen/
Er streichet dir die stralen an/
Mit bester gelben Farben/
Als wohl sich nie gefärbet han/
Die gelbest Weitzen-garben.

Der Hirt Halton.

Er schärpffet dir die gülden Pfeil/
Mit Flämlein zart befedert:
Er führet dich viel tausent meil/
Auff strassen starck berädert.

Er schencket dir die silber-baan/
Die gülden Roß/ vnd Wagen/
So dich den runden steeg hinan
Von Ost/ in Westen tragen.

Der Hirt Damon.

Er lasset dir die müde Roß
(Als gut Poeten sagen)
Zu nacht mit allem wagen-troß
In grossem kübel zwagen:
Drauff weidet er sie Rosen satt/
In edlem Blumen-garten/
Biß früh sie wider frisch vnd glatt/
Volführen ihre Farten.

Der Halton.

So bald in frischem Purpur-schein
Dich hebest nur zu morgen/
Dir zeiget er die Wunder sein/
Dir nichts helt er verborgen:
Er zeiget dir auff deiner Reyß/
Den gantzen Himmel-bogen/
Den gantzen grünen Erden-kreyß/
Das Meer vnd Wasser wogen.

Der Damon.

Er zeiget dir die schöne Welt/
Die Vögel all in wolcken;
Auch vnser Schaff vnd Küh zu Feld
Gleich eben frisch gemolcken.
Auch Menschen all/ vnd alle Thier/
Was nur von wild/ vnd zahmen/
Der schönen Welt zum schmuck/ vnd zier/
Man treiben mach zusamen.

Der

Der Halton.

Auch Stätt/ vnd Mauren/ Thürn Palläst/
Der alten viel vnd newen/ [illegible]
Dan Schlösser/ auch vnd Häuser [illegible]/
Gar wunder von Gebäwen:
Auch allen Fried/ vnd Kriegs-gerüst/
Gelt/ Pracht/ vnd Wehr/ vnd Waffen/
Vnd was noch deß ich meh[illegible]
Eh dan ich kam zum sch[illegible]

Der Da[illegible]

O schöne Sonn/ du klar[illegible]
Magst wol den Schöpffer [illegible]
Der immer dir sich zeiget holdt/
Auff deinen Circkel reisen
Er weiset dir den rechten streich
All Oerter zu beschleichen:
Da mag dan Sand noch Land/ noch Reich
Vor deinem Glantz entweichen.

Der Halton.

Er leitet dich in deinem Glantz
Im hin/ vnd wider kehren/
Als wie zur Hochzeit vnd zum Tantz
Den Bräutigam von ehren:
Er führet dich bey seiner Hand/
Weicht nit von deiner seiten/
Gibt Nahrung deinem Fackelbrand/
Ohn Zahl der Jahr vnd Zeiten.

Der Damon.

Er schicket dir die Vögelein
Zu Morgen gleich entgegen/
So dir den wilkom bringen ein/
Vnd stimm als Flügel regen.

Er

Er heisset sie dir spielen schön/
Daß weit/vnd breit erschallet/
Daß auch von Felsen ein gethön
Im Widerschlag erhallet.

Der Halton.

Er spreitet dir die Felder grün/
Dir mahlet er die Garten/
Da manch erhebte blum.nbün
Dir scheinet auffzuwarten:
Er laßt von dir Getreid vnd Graß
Das Leben süß erlangen/
Auch Bäum/vnd Reben gleicher maß
Von deinem glantz empfangen.

Der Damon.

Durch ihn besaamest alle Welt
Mit deinen Stral/vnd strämen:
Ohn ihn hingegen alle Welt
Von dir gar nichts könt nehmen.
Ohn ihn all deine Flammen-flüß
Längst wären schon verronnen;
Noch flüssen mehr die Stralen güß
Auß deinem Stralen-bronnen.

Der Halton.

Ohn ihn kein halbes Augenblick/
Dort oben würd verbleiben
Ein Fünckle in einer Linsen dick
Von deiner. gelben scheiben:
Ohn ihn das gantze Wesen dein/
Vnd was noch dich mag zieren/
In pur/vnd lauter nichts hinein
Geschwind sich würd verliehren.

Der Damon.

Drumb schöne Sonn/ du klares Goldt/
Magst wol den Schöpffer preisen/
Der immer dir sich zeiget holdt/
Auff deinen Circkel-reysen/
Ich helffen dir wil jederzeit
Den schönen Gott verehren/
Vnd dich von ihm auff grüner Weid
Noch manches Liedlein lehren.

Der Halton.

Auch ich dan wil dich eben vil
Derselben Liedlein lehren:
Vnd freylich auch zu selbem Zil;
Den Fidel bogen kehren:
Ja solt ich sein der geigen müd/
Von stunden wil ich greiffen/
Mit frisch geschöpfftem Hertz-geblüt/
Zu meinen holen Pfeiffen.

Andere Ecloga/ oder Hirten-gesang/ darin gemelte Hirten Gott loben bey ihren Schäfflein/ vnd ihr Lieb zu Gott anzeigen.

Eingang.

MAn offt von klarem Himmel schweiß
An schönen Sommer-Tagen/
Die morgen Perlen rund/ vnd weiß/
Gar schön zertröpfflet lagen:
Die Sonn schoß ab so manchen Stral/
Vnd mehr vnd mehr erglitzet/
Da schwanden eylends ohne zahl/

Die Tröpfflein gar erhitzet.
Auff/auff/alsdan der Damon sprach/
Auff/auff zun grünen Wasen:
Laßt vnser Schäfflein allgemach/
In flachen Heyden grasen.
Drauff Halton bließ auff süssem Halm:
Gleich der/gen den sich bäumet/
Vnd beyd in gleichem Hirten-Psalm
Noch der/noch der sich säumet.

Der Hirt Halton hebet an.

O Damon schöner Mitgespan/
Den Pfeiffen/ vnd Schalmeyen
Vns lasset heut auff grünem Plan/
Den Athem süß verleyhen.
Vns laßt mit bestem Hirten-klang;
Mit best-gefügten Reymen/
Das meisterlich zun Ohren prang/
Auff Hirtisch weidlich leimen.

Der Hirt Damon.

Ach Halton/ich von Hertzen gern/
Den Pfeiffen/ vnd Schalmeyen/
Wil heut/ daß es erschallet fern/
Ein lüfftlein süß verleyhen
Nur lasset vns auff diesem Plan/
Dem Schöpffer weißlich dancken/
Alweil die Schäfflein weyden gahn/
In jenen grünen schrancken.

Der Hirt Halton.

Den Schöpffer lob ich alle Tag/
Noch vor der Sonnen-wagen/
Noch eh sie recht sich schmücken mag/
Mit gülden Kröß vnd Kragen/

Noch

Nach eh die Morgenstunden klar
Von warmer Osten-seyten
Entbinden ihr die gelbe Haar/
Und breit in Lüfften spreiten.

Der Hirt Damon.

Den Schöpffer lob ich auch zumahl
Wan klar die Sonn sich zeiget/
Und frewdig mit so manchem stral
Das blaw Gewölb ersteiget.
Wan sie geschmückt mit vollem Glantz
Vorführen ihre Reyen/
Und wir erspielen manchen Crantz/
Besteckt mit grünen Mäyen.

Der Hirt Halton.

Den Schöpffer lob ich eben sehr/
Wan Sonn sich wider bieget
Und auff gesenckter niderkehr
Den matten Wagen wieget.
Wan wir bey sanfftem Abend-sang
Nach Hauß die Schäfflein treiben/
Und wachsen alle Schatten lang/
Gezielt von kurtzen leiben.

Der Hirt Damon.

Den Schöpffer lob ich gleicherweiß/
Wan ich zu Nacht gewecket
Schick auff mit wenig Seufftzer leiß
Zun Sternen angestecket/
Wan friedlich unser Herd/ und Schaff
Nach späthem widerkawen/
Bereuschlet mit gelindem Schlaff/
Die süsse Weyd verdawen.

Der Hirt Halton.

Dem Schöpffer frey nun trettet her/
Trett her ihr wüllen Schaaren:
Vnd ihn auch preiset mit geplerr/
Euch thut zum Tantz verparen:
Vor ihm nur frisch vnd frewdig springt/
Nun flechtet ihm den Reyen/
Euch weil der schöne Damon klingt/
Vnd Halton auff Schalmeyen.

Damon.

Frisch auff/ihr zarte Lämmerlein/
Springt auff/auff grünen Wasen/
Frisch auff/ihr weisse Brüderlein/
Wir euch nun lieblich blasen.
Wir euch noch wollen ebenfalß
Mit bestem Schmuck hoffiren/
Vnd euch die reine Stirn/vnd Halß
Mit grünen Kräntzlein zieren.

Halton.

Als dan mit bester Zier geschmuckt
Noch bas in Frewden springet:
Dem Schöpffer feyret vnverzuckt/
Vnd Jubel groß vollbringet.
Zu ihm noch das mit plerren rufft/
Zu ihm euch thut erheben/
Der euch gerückt an süssen Lufft
An süsses Liecht vnd Leben.

Damon.

Er kleidet euch die Röcklein an/
Zu seinem Wollgefallen:
Gleich schawet man im grünen gahn
Die weisse wüllen Ballen.

Mit weissen wullen Federlein
Er euch die Fell verbrämet.
Von weichem schnee gantz oben rein
Als wärens ab gesämet.

Halton

Er wicklet euch in sanfften Beltz /
Frisch new / noch vnbeschoren:
Vmbzinglet euch die nackent häls
Mit lind-gekämmten haaren /
Er härtet euch die kläwlein zart
Gar sittlich auff gesplissen
Da trettet ihr auff grüner fahrt /
Nach weid / vnd grünen bissen.

Der Hirt Damon

Er euch zur nahrung tahl vnd berg
Vnd felder hinderlasset /
Da schlagen wir euch in die pferch /
Vnd ihr gar friedlich prasset.
Er gisset auß die bächlein schwanck /
Er macht die brünnlen spritzen:
Da nehmet ihr dan kühlen tranck /
Bey warmer Sommer-hitzen.

Der Hirt Halton

Er schencket euch gar manchen baum /
Da drunden ihr euch schattet /
Wan ihr den stralen machet raum /
Weil euch die Sonn ermattet.
Er euch vor vnbenantem froß
Mit seiner hand beschirmet;
Sonst würdet ihr auff grüner straß /
Wol blütig offt gestirmet.

Damon

Er segnet euch/ ihr Mütterlein/
Mit Säugling wol erspressen:
Er segnet euch/ ihr Lämmerlein,
Mit gleichen Brust-genossen.
Er quellet auff die Dütten rund/
Mit süß vnd weissen Gaben:
Da machet ihr dan süssen mund
Ihr zarte wülle-Knaben.

Der Halton.

Er schaffet allen ihre speiß.
Er nehret alle Seelen:
Deß geben wir ihm Ehr vnd Preiß/
Vnd mögens nit verhelen.
Wir ihm auff Helmen vnd Geröhr
Durch alle Noten schweiffen/
Vnd (so vielleicht mans lieber hör)
Auch auff gesackten Pfeiffen.

Der Hirt Damon.

Wir ihm zu Lob auff grünem Feldt
Je späth/ je zeitig feyren/
Vnd je dan eintzel/ je gesellt
Auch brauchen Harpff vnd Leyren/
Wir auch die gelbe Seiten schwanck
Mit süsser Stimm vermählen/
Wan wir mit reinem Brunnen-Tranck
Erfrischet Halß vnd Kehlen.

Halton.

Ach! daß nur ihm/ daß nur allein/
Ach! nur das ihm gefiele/
Was ich zu Lob vnd Ehren sein
Bey meinen Schäfflein spiele.

Ja frey den besten Hammel mein
Noch heut ich drumb wolt geben/
Vnd ja die schönsten Lämmerlein/
Noch drey vnd drey darneben.

Damon

Vnd solt nun auch dem Schöpffer gut/
Nit eben gar mißfallen/
Was ich bey meiner Herden Hut
Auch hertzlich pflag erschallen/
Ja frey/den besten Hirten-hundt
Auch ich noch drumb wolt geben/
Vnd ja der längsten Pfeiffen rund
Noch dreymal drey darneben.

Halton.

Ach Damon/wan die Schaff zu hand
Den grünen Grund bescheren/
Fühl ich so süssen Hertzen Brand:
Zu Gott steht mein Begeren/
Von ihm kombt mir so reines Fewr
In Marck vnd Bein gekrochen/
Das quälet mich fast vngehewr/
O wee/kans nit verkochen.

Damon.

Ach Halton/wan die Schaff zu hand
Den kühlen Born verkosten/
Auch mich laßt er in gleichem Brand/
Auff gleichen Kohlen rosten.
Von ihm auch mir kombt gleiches Fewr
In Blut vnd Muht geschleichen/
Das wütet eben vngehewr/
O wee kan ihm nit weichen!

Hal-

N. 18a

~~149~~ 198.

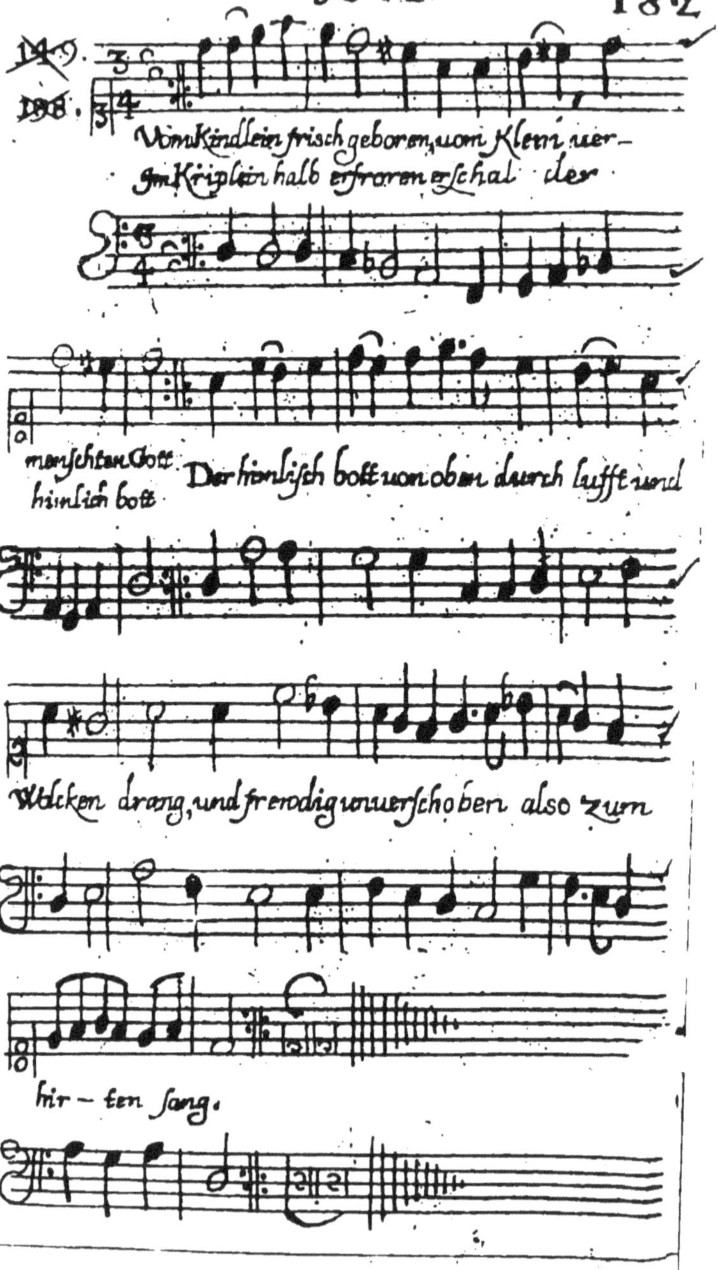
Vom Kindlein frisch geboren, vom Klein ver-
Im Kriplein halb erfroren erschal der
menschten Gott
himlisch bott
Der himlisch bott von oben durch lufft und
Wolcken drang, und freodig unverschoben also zum
hir – ten sang.

Halton.

Nun schaw/die Sonn zu Gnaden geht/
Vnd will zu wasser tauchen:
Die Schloot/vnd Kämmig eben späth
Rings vmb ihn dörffen rauchen.
Man kochet vns die nachten-speiß/
Vns laßt nun hinwarts kehren/
Der Brand in meinem Hertzen heiß/
Sich wird noch wol vermehren.

Damon.

Ja/lieber/ja/laßt kehren heim/
Vnd laßt die Schäfflein zehlen
Zu recht/ich kan doch sagen keim/
Wie Lieb mich stäts thut quelen.
O schöner Gott/weil dich nit seh/
Zumahl ich bin in Peynen/
Nach dir ist meinem Hertzen wee/
Wan Sonn vnd sternen scheinen.

Christmeß-Gedicht / darin ein Engel die Geburt Christi den Hirten verkündigt.

1. VOm Kindlein frisch gebohren/
Vom klein-vermenschten Gott/
Im Kripplein halb erfroren/
Erschall der himmlisch Bott.
Der himmlisch Bott von oben
Durch Lufft vnd Wolcken drang/
Vnd frewdig vnverschoben
Also zun Hirten sang:

2. Auff/auff nun anzubetten
Das gülden schönes Kind:

Auff/auff zur Hirten-Metten/
Du frommes Feld-Gesind.
Ihr fromme Schäffer-schaaren/
Zusampt der weissen zucht/
Euch/auch soll widerfahren
Das Heyl vorlängst gesucht.
3. Auff/eilend auff zur Krippen/
Zum kleinen Schäfferlein/
Küßt ihm die purpur-lippen/
Das purpurs-Mündelein.
Küßt ihm die rosen Wangen/
Die winter-Blümelein/
So trutz dem Frühling prangen/
Obs wol erfroren seyn.
4. Das Kleinsein halb erfroren/
Doch auch nit minder brinnt/
In kaltem Frost geboren/
Es Fewr im Busen findt/
Lind hebets nur in armen/
Vnd preisets mit Verstandt/
Es bald euch wird erwarmen
Mit süssem Hertzen-Brandt:
5. Es liebet Schaff vnd Hirten
Das hirtisch Kindelein:
Es leitet her von Hirten
Den Stand vnd Stammen sein.
Ein Lämmlein auch ohn Flecken
Es führt in seinem Schildt/
Zusampt ein hirten-stecken/
Gar zierlich abgebildt
6. Ach tragets nur zun Herden/
Zun süssen Lämmerlein/

In

In Warheit es auff Erden
Wird nirgend lieber seyn/
Mans freylich wird erfahren
Es künfftig werden wird/
Wans kombt zu seinen Jahren
Ein gut/ vnd bester Hirt.
7. O wol dem schönen Hirten/
Dem künfftig Hirten gut!
Ach/ ach mich in Begierden
Der Zeit verlangen thut.
Alsdan er wird erwecken/
Vnd treiben auff zu Feldt/
Mit bestem Hirten stecken
Die Völcker aller Welt.
8 Er wird auff besten weiden
Sie schlagen in die Pferch/
Vnd ja mit nichten leiden/
Man ihm die Zahl verberg
Er/ er wird seinen Stecken/
Den Sonnen-Straten gleich
Gantz vberall erstrecken/
In alle Land vnd Reich.
9. wer dan wolt seine Schaaren
In Ziffer schliessen ein/
Nit wenig der erfahren
Muß in der Kreyden seyn.
Der muß die Sternen zehlen/
Das gelb gewaffnet Heer:
Der Kreiden auch befehlen
Den Sand am wilden Meer.
10. Alsdan mit schönem Frieden
Die schöne welt gecrönt/

Wird sehn vnunderscheiden
Die Thier/vnd Thier versöhnt.
Mit wilden Löw- vnd Bären/
Gleich werden in gemein:
Auß einer Krippen zehren
Die zartest Lämmerlein.
21. Auff einem Grund vnd Wasen:
Zur schönen Sommerblüh/
Mit Wolffen werden grasen
Die Rinder/ Schaff/ vnd Küh:
Ja selbe dütten lären
Auch werden vngezehlt/
Vnd selbe Wiesen scheren
Die Thier auß aller welt.
22. Als dan an Tann- vnd Linden/
An Buch- vnd Eschen-laub
Wird häuffig sich lahn finden
Wol manch/ vnd mancher Traub.
Auch wird von Eichen-bäumen
Sichs honig pressen lan/
Vnd wie sichs kaum ließ träumen/
Das Oel von Felsen gahn:
23. Erd/ Himmel wird sich wenden
In wesen aller new/
Vnd ihre schätz verschwenden/
Gar häuffig/ vnd ohn schew.
Ohn vndergang wird schweben
Die Sonn in klarem brandt/
Der Winter sich begeben
Zun wüsten vnbekant
24. Der Frühling wird sich schmucken/
Vnd werden mit gewalt

Zur Erden aussen gucken
Die Blümlein tausentfalt.
Auch werdens gahn herummer/
Spatzieren immerdar/
In ewig grünem Sommer/
Die wanckend wässer klar.

15. Ja gar von Honig-waben/
Von süsser Milch/ zu hand
Die Bächlein werden traben/
Durchs new gelobte Land/
Von Wolcken ab wird fliessen
Der lieblichst Götter Tranck/
Die Schäfflein werdens niessen/
Und sämptlich sagen danck.

16. Auff/ auff dan/ an zu betten
Das gülden schönes Kindt:
Auff/ auff zur Hirten Metten/
Du frommes Feld-Gesindt.
Ihr fromme Schäffer-schaaren/
Zusampt der weissen Zucht/
Euch/ euch soll widerfahren
Das Heyl vorlängst gesucht.

Christnächtliche Ecloga/ oder Hirten-gespräch/ darinn zween Hirten/ Damon und Halton das Christkindlein besucht haben/ und gegen ihm mit Liebe befangen/ auch ihren Brand entdecken.

Der Hirt Damon hebet an.

Ach Halton/ lieber Halton mein/
Wen schatz hau wir gefunden?

Wen Schatz in holen Krippelein/
In Windlein eingewunden?
O Gott/wie schönes Kindelein!
Wie gülden-gelb an Haaren!
Wie Perlen weiß an Aeugelein!
Kein Zung mags offenbahren.

Der Hirt Halton.

Ach Damon/liebster Damon mein/
Als wir den Schatz gefunden/
Den Schatz in holem Krippelein/
In Windlein eingewunden:
Das Kleinlein ich in armen band/
Wolt ihm die Wänglein küssen/
Da netzet ich die Wieg zu hand
Mit zarten Augen Flüssen.

Damon.

Auch ich als ihm wolt pressen ein/
Auff seine purpur Wangen
Ein dreyfach duppels Mündelein/
Mir Zähr von augen sprangen/
Doch ließ ich nit mich schröcken ab/
Mit seinen Augen Flüssen;
Ja mehr ich ihm der Bäcklein gab/
Und mehr und mehr thät küssen.

Halton.

Auch ich nit hab mich treiben lan
Von seinen Wänglein beyden:
Ich satt ließ meine Lefftzen gan
Aldort in Rosen weiden.
So frisch die saugend Lämmerlein
Noch nie zun rüsten sprangen/
Als lieffen frisch die Lefftzen mein/
Zur Weid auff seinen Wangen:

Da-

Damon.

Ach Halton/ als ich immerdar
Das Kind wolt lieblich pressen/
Vnd ihm die Wänglein also gar
Mit Bäcklein ab wolt messen/
Es gleich mit süssem Honig-mund/
(O wie was freundlich possen!)
Mich hat mit süssem Pfeil verwund/
Mit süssem Pfeil durchschossen.

Halton.

Ach Damon/ als auch ebenfals
Das kleinlein ich thät fassen/
Vnd ihm von Augen/ Stirn/ vnd Hals
Der Bäcklein satt wolt prassen/
Es mir mit gleichem Hertzen-Fewr
Thät Marck/ vnd Bein verletzen/
Dem Brand nun find ich keine stewr
An keinem Orth/ noch Plätzen.

Der Damon.

Ihr Hirten auff gemeinem Feldt/
Soll jemand Fewr begehren:
Nur mir es gleich werd angemelt/
will ihm dan gnug bescheren.
Deß Fewrs ich gnug im Busen trag/
Vnd lebt in rothen Kohlen/
wer sein bedarff/ mirs kecklich sag/
Mags hie zur Nohturfft holen.

Der Halton.

Ihr Hirten/ solt auch jemand sein/
So reinen * Born käm suchen?
weist ihn gerad zur Hütten mein/
An jener grüner Buchen.

* quellendes wasser.

Als bald ich ihm dan geben wil
 Zorn/ vber Zorn zu niessen/
So stündlich mir in aller still
 Von augen ab kombt fliessen.

Der Hirt Damon.

Das Fewr in meinem Hertzen süß/
 Das fewr in Marck vnd Beinen/
Wolt Gott michs ewig quelen müß/
 Mit seinen süssen Peinen.
Gantz wol mir ist bey solcher Pein/
 Bey süssem Brand vnd wunden;
So mir gemacht das Kindelein
 Im Kripplein eingebunden.

Der Hirt Halton.

Die Flüß von meinen augen beyd/
 Die beissend wasser-stralen/
Auch kräncken mich mit süssem Leyd
 Mit sanfft vnd süssen Qualen.
Wolt Gott/ auch bleibens allemahl
 In stätem Lauff vnd Rinnen/
Gantz wol mir ist bey solcher Qual/
 Bey feuchtem Hirn vnd sinnen.

Der Hirt Damon.

O Gott/ wie schönes Kindelein!
 Ich sein werd nie vergessen:
Ich stäts werd in Verlangen seyn/
 Wer liebt/ mags mir ermessen.
Nach ihm nun werd ich seufftzen stäth/
 Wan früh die Sonn sich hebet/
Auch wan sie späth zu gnaden geht/
 Vnd müd in Westen schwebet.

Der Halton.

O Gott/wie schönes Kindelein!
Nach ihm ich werd verlangen/
Wan Mon vnd alle Sternen rein
Auff runden Wiesen prangen.
Nach ihm ich werd mit lieb verwundt
Beyd Arm vnd Hertz erstrecken/
Wan zeitlich auch die Rosen-stundt
Den Tag vns an kombt stecken.

Damon.

Von ihm bey meiner weissen Herd/
Bey meinen Schaff vnd Geissen/
Ich offt vnd offt nun spielen werd/
Vnd manche Seiten schleissen.
Mit Seiten wil ich kleiden an
Die leyren/Harpff vnd Geigen/
Vnd ihm zu lieb auff grünen Plan
Der stücklein vil noch zeigen.

Halton.

Auch ich zu lieb dem Gottes Kind
Will offt auff runden Pfeiffen/
Mit süssem blasen manchen wind
Zu runden liedlein schleiffen.
Der Pfeiffen ich noch sieben hab/
Von lauter Horn vnd Beinen:
Ein Hirt sie mir zur letzen gab/
Vnd warlich weichens keinen.

Damon.

Wan dan die Geissen steigen an
Zun Felsen hoch vnd hauffen/
Vnd weiches laub/so für thut gahn/
Von zarten stauden rauffen:

wil nur von Jesu spielen dar/
So werd ichs wunder locken/
Vnd werdens klimmen ohn Gefahr
Auff ihren Hörn en socken.

Halton.

wan dan die Schäfflein ebenfals
Den flachen Grund bescheren/
Or jenseit eines holen Thals
Gahn weiden in der ferren/
wil auch von Jesu spielen ich/
wil nur von ihm erklingen/
So werdens gleich versamlen sich
Vnd mir zun Händen springen.

Damon.

wan auch zur heissen Sommerzeit
Begrillt mit Hirnen-mücken/
Die Böck in stoltzem Stirnen streit
Mit Köpffen sammen rücken/
Wil ich von ihm noch spielen auff/
Nit werdens weiter zörnen:
Ich weiß/ dan gebens bässer Kauff/
Der Streit fält ab von Hörnen.

Halton.

wan auch der Böswicht ungeheür
Solt je zun wäiden kommen/
Die Schäfflein mir zu machen thewr
Vnd kürtzen mir die Summen;
Von Jesu wil ich spielen schnell/
Der Schalck wirds lassen bleiben;
Vnd ob nun Hund/ noch Hündlein bell/
wil ihn doch gnugsam treiben.

Der

Der Hirt Damon.

Wan auch dan werden jezumahl
Die warme Wolcken brommen/
Vnd rother Blitz vnd Donner-straal
Gehn vns mit Kräfften kommen/
Von Jesu wil ich spielen gleich/
Die schäfflein ihm befehlen;
So werd ich ihrer nach dem streich
Wol eben viel noch zehlen.

Der Hirt Halton.

Wan auch die schäfflein vbel auff
Sich jemahl solten legen/
Vnd auff dem Feld mit holem Bauch
Der Waid/noch Brunnen pflegen;
Wil ich von Jesu spielen an/
Bald werdens wider grasen;
Bald wider weidlich scheren gahn
Auff blumenreichen wasen.

Der Hirt Damon.

Von Jesu wil ich vberall
In Feld vnd Waiden singen/
Von ihm soll schall vnd widerschall
In Lufft vnd Klufften ringen.
Doch Halton schaw/dan meine Reym
Zusampt dem Tag ermatten:
Laßt vnser Herd nun führen heim/
Vnd ihr die Ruh gestatten.

Der Hirt Halton.

Ja Damon/schaw dan meine Reym
Schon auch es mir versagen/
Drumb so nur du wilt treiben heim/
Nit muß es mir mißhagen.

Auff/auff/ihr meine lautbar Hund/
Die Schaff thut sammen bellen:
Vnd allgemach bey guter stund
Begleittet sie zum Ställen.

Ein kurtz Poetisch Christ-Gedicht vom Ochß vnd Eselein bey der Krippen.

1. DEr Wind auff lären strassen
Streckt auß die Flügel sein:
Streicht hin gar scharpff ohn massen/
Zur Bethlems Krippen ein;
Er brummlet hin vnd wider
Der fliegend Winter-Bott:
Greifft an die Glaich vnd Glieder
Dem frisch vermenschten Gott.

2. Ach/ach/laß ab von brausen/
Laß ab du schöner Wind:
Laß ab von kaltem sausen/
Vnd schon dem schönen Kind.
Viel mehr du deine Schwingen
Zerschlag im wilden Meer/
Alda dich satt magst ringen
Kehr nur nit wider her.

3. Mit dir nun muß ich kosen/
Mit dir/O Joseph mein/
Das Futter misch mit Rosen
Dem Ochs vnd Eselein/
Mach deinen frommen Thieren
So lieblich's misch-Gemüß/
Bald/bald/ohn Zeit verlieren/
Mach ihn den Athem süß.

4. Drauff blaset her/ihr beyde/

[illegible]

XVII .

~~161~~ ~~273~~

Alsnach verbrachten reis enbei frembden
Die Kö-nig drey die weisen gar fern aus
Sternenbrand
morgen land
Dem kindlein new geboren zu
brachten dar Die dreyfach auserkohren und
aus erlesen

Mit süssem Rosen wind;
Ochß/Esel wol bescheiden/
Vnd wärmets nacken Kind:
Ach blaset her vnd hauchet/
Ahä/ahä/ahä:
Fort/fort/auch weidlich brauchet/
Ahä/ahä/ahä:

Ecloga/oder Hirten-Gespräch/ darin zween Hirten/Damon vnd Halton ihre Gaben erzehlen: so sie dem Christ-Kindlein schencken wollen:

1. ALs nach verbrachten Reysen
Bey fremden Sternen-Brand/
Die König drey/die Weisen/
Gar fern auß Morgenland/
Dem Kindlein new geboren
Zum Opffer brachten dar/
Die dreyfach außerkohren
Vnd außerlesen war:

2. Gleich auch gezogen kamen/
Zween frommer Hirten werth/
Mein Halton vnd der Damon/
Mit wol bewollter Herd:
Auch dachtens dar zu bringen
Dem schönen Kindelein
Gar viel der schönen dingen/
So sie gesammlet ein:

3. Die Gaben all mit Namen/
Die Bäurisch Hirten Schätz/
Verfaßten sie zusamen
In süsses Reym-Geschwätz;
Jetzt/jetzt wil ichs erholen
Frisch/frewdig von Gemüth/

Vnd spielens offtermohlen
wan ich die Schäfflein hüt.

Der Hirt Damon hebet an.

wolan ich ihm wil schencken
Ein silberweisses Lamm:
Als viel mich kan bedencken/
Kein edlers nie bekam.
Ihm kombt an lincker seiten
Von Blut ein schöner Fleck/
Weiß nit was mög bedeiten/
Was je darhinden steck.

Der Hirt Halton.

Auch ich wil ihm dan schencken
Ein saugends Kälbelein/
Mit Bänden vberschrencken
Wil dem die Füßlein sein:
Vnd also dan wils tragen
Gefüg auff meinem Halß;
Ich weiß/ wird ihm behagen;
Wil wetten ihm gefallts.

Der Hirt Damon.

Vnd ich wil ihm noch schencken
Ein Kitzlein sampt der Geiß/
Die muß es je noch träncken
Auß ihren Dütten weiß.
Die Brüst es selber findet/
Vnd kan sie lären schon;
Ja schon sichs vberwindet/
Vnd wird der weid gewon.

Der Hirt Halton.

Vnd ich wil ihm noch schencken
Ein rothes Hirschen-Kalb.

An schenckel vnd Gelencken
Es ist vollwachsen halb.
Es mir auff grünen Gassen
Im Wald entgegen kam/
Sichs ließ mit Stricken fassen/
Gieng mit/vnd wurde zahm.

Der Hirt Damon.

Vnd ich wil ihm noch schencken
Ein* Hasen-Künglin/ *Kuienlein
Es ist von tausent Räncken/
Von frisch vnd leichtem sinn.
Es lauffet/springt/vnd spielet/
Auch trommlets eigentlich/
Die streich zum boden zielet
Mit Füssen meisterlich.

Halton.

Vnd ich wil ihm noch schencken
Ein schöns Eichhörnelein;
Ist auch von manchen schwencken
Ein hurtigs Meisterlein/
Ich seiner offt muß lachen/
Wans nur die Nüßlein pacl/
Vnd schnell sie thut erkrachen/
Trick/track/wol just zum Tact.

Damon.

Vnd ich wil ihm noch schencken
Ein zahmes Häselein;
Sichs last mit Händen fencken
Wil stäts beym Menschen seyn.
Es wird beym Kripplein lauffen/
Wird spielen immerdar
Hin/her/zu/ab/vnd auffen

Recht

Recht/munter springen zwar.

Halton.

Und ich will ihm noch schencken
Ein wachtsams Hündelein:
Das lernet zancken/zäncken;
Die Schaff auch treiben ein.
Wans kombt zu seinen Tagen/
Wirds freylich seyn gefaßt
Von Schaffen zu verjagen
Den vnbenanten Gast.

Damon.

Und ich will ihm noch schencken
Ein mäusigs Kätzelein:
Kein Härlein ihm darff kräncken/
Halton/dein Hündelein.
Sichs hat noch nie lan beissen/
Sichs allen widersetzt:
Sichs bürsten thut vnd spreissen/
Bleibt alweg vnverletzt.

Halton.

Und ich will ihm noch schencken
Ein stücklein gleicherley:
Mein/soltest wol gedencken/
Was je dan solches sey?
Zu deinem Kätzlein eben/
Auch ich will ihm zugleich/
Ein peltzen Maußfall* geben.
So wird es noch so reich.

Damon.

Und ich wil ihm noch schencken
Ein munters Täubelein/
Das laufft auff Tisch vnd Bäncken

Mit seinem Schwesterlein.
Auß pflaum vnd feder-Seyden/
Von Färben vnbewust/
Ein Ringlein ihnen beyden
Bezircklet Halß vnd Brust.

Halton.

Vnd ich wil ihm noch schencken
Zwo Turteltauben keusch:
Die spreitten/heben/sencken
Die Flügel ohn Gereusch.
Ihr stimm/so vil man spüret/
Nur lauter Seufftzer seyn:
Wer weiß/waß Leyd sie rühret/
Waß Lieb vnd Hertzen-Peyn?

Damon.

Vnd ich will ihm noch schencken
Ein grossen Hüner-Han;
Der Haupt vnd Hals geht schwencken/
Als nie kein edler Schwan.
Mit bunten Füß vnd Sporen
Er tritt gar stoltz herein?
Wan schon er wär verlohren/
Man kent die Farben sein.

Halton.

Vnd ich wil ihm noch schencken
Ein Finck vnd Nachtigal;
So Kopff vnd Ohren lencken
Zu meinem Hirten-schall.
Wan ihn ich vor wil singen/
Drey/vier/oder fünffmahl nur/
Sie gleich mir nach thun springen
In selbem Noten spur.

Dor

Damon.

Vnd ich wil ihm noch schencken
Drey Meysen/Lerch/vnd Specht:
Ich habs von einem Encken/
Von einem acker-knecht:
Er glücklich hats gefangen/
Doch nit ohn list vnd müh/
Als newlich er war gangen
Zum Holtz in aller früh.

Halton.

Vnd ich wil ihm noch schencken
Ein weisses Körbelein:
An Balcken soll mans hencken/
Voll kleiner Vögelein.
Ich selber habs geschnitzet/
In siebenthalben Tag:
Ist new/noch vnbeschmitzet;
Nit gnug mans loben mag.

Der Damon.

Vnd ich wil ihm noch schencken
Ein starcken hirten-Steck:
Mit Farben ihn wil sprencken/
Gebrennt mit fewr vnd speck:
Die Kunst ich newlich lernet/
Wie recht mans machen soll/
Daß gantz er werd besternet/
Mit bunden Flecklein voll.

Der Halton.

Vnd ich wil ihm noch schencken
Ein gelben Sonn-Compaß/
Das Zünglein sich verrencken
Laßt nie von seinem Spaß.

Siehe

205. XVIII

O schäfflein vnbeschoren du zartes wullen
ach wo den gehst verlohrē das dich so gar nit
kind
find?
In holen fels, vnd klufften feld wies en berg vnd
thal auff müden bein vnd hufften dich such ich vberall.

Sichs reget stäts/vnd neiget
Zur just geraden schnur/
Biß lang der faden zeiget
Die rechtestund vnd vhr.

Der Damon

Vnd ich wil ihm noch schencken
Viel schöner sachen mehr:
Ja schencken/ vnd noch schencken
Je mehr/ vnd je noch mehr.
Auch Aepffel/ Nüß/ vnd Bieren
Milch/ honig/ butter/ käß/
Vnd was noch mehr möcht zieren
Die Taffel mir gemäß.

Der Halton.

Wol da dan/ laßt vns reisen
Zum schönen Kindelein/
Vnd laßt die Gaben weisen
Dem kleinen Schäfferlein;
Jhms alles auff soll heben
Die mutter mit bescheidt/
Das ihm es werd gegeben
Hernach zu seiner zeit.

Der Evangelischer guter hirt sucht das verloren schäfflein

1. O Schäfflein vnbeschoren
Du zartes wüllen Kind;
Ach wo dan gehst verlohren/
Daß dich so gar nit find:
Jhn holen Felß- vnd klufften/
Feld/ Wiesen/ Berg/ vnd Tahl/
Auff müden bein vnd hufften
Dich such ich vberall.

2. Mit

2 Mit Seufftzen vngezehlet
Ich lufft/vnd Wolcken spalt/
Das Leyd/mit Leyd vermählet
Sich mehret hundertfalt:
Die Zähr mir han zerschlissen
Wol halbe wangen beyd/
Weil nie von dir mag wissen/
Wer Irr-weg dich verleyt.

3. Vnd ach! was auch muß dencken
Der fromme Vatter mein/
Sich weil so späth last sencken
Das wüllen Wiltprat sein?
Das Thierlein er/das eintzig
Kurtz vmb wil wider han/
Ob wol noch neun vnd neuntzig
Auff grüner Wasen gahn.

4. Wolan/wolan/dort eben
In jenem Birckenwaldt/
Mich dünckt sichs thut erheben/
Ey da/da lieber/halt.
Halt/halt/ichs muß ertappen/
Wil sehn mirs nit entspring:
Nun soll mirs nit entschnappen/
Wil wetten mirs geling.

5. O wee doch meiner Lenden!
O wee/weid schwach vnd kranck!
Mich streiffen aller Enden
Die Bircken-gerten schwanck:
Vnd ach der Pein vnd Qualen!
Das Thierlein ist entwischt;
Mir bleiben allemahlen
Das Glück/vnd Spiel vermischt.

6. Doch

6. Doch dort in jener hecken/
Da dannoch düncket mich/
Da bleibets gar bestecken;
Dort hör ichs regen sich.
Ja wärlich da/ da drinnen/
Da möchts in warheit sein:
Wils greiffen da mit sinnen/
Wil schleichen sanfft hinein.

7. Ach aber/ ach mit nichten/
Ach aber nein / ach nein/
Als vil ichs kan entrichten/
Ist nit nochs Thierlein mein.
Vergebens nur verletzet
Mich hab in dörnnen spitz/
Das haupt mir gar zerfetzet/
Ist voller fewr / vnd hitz.

8. Ey dorten doch/ dort oben
Auff jener schedel-statt/
Ein Creutz-baum frisch erhoben
Die näst erstrecket hat/
Da düncket mich gar eben
Dörffts haben seinen gang/
Ihm da denck nach zu streben/
Hoff dort/ ichs endlich fang.

9. Doch müd/ mich auff den beinen
Ich mehr mag halten kaum:
Auff dich dan muß ich leinen/
O starcker Eichen-baum.
Ach Schäfflein außerkohren/
Ach kämest / kämest noch!
Mit mir dochs ist verlohren/
Muß ich wol sterben doch.

10. Mit Armen außgestrecket/
Wil deiner warten hie;
Mirs Leben mehr nit schmecket/
Allweil noch saumest je.
O Vatter dir zun Händen
Mein Seel von hinnen reisst;
Zu dir wohl muß ich senden/
Schaw da dan/meinen Geist.

Vorgehende *Ode* findet der Leser im Psälterlein PP. Societ. Jesu schier auff selbigen Sinn, aber mit andern Worten gestellt, pag. 246. Côllnischen Trucks, mit dem Titel Christus sucht das verlohren Schäfflein: Ein Schäfflein &c.

Trawr-Gesang von der Noth Christi am Oelberg in dem Garten.

1. BEy stiller Nacht zur ersten Wacht
Ein stimm sich gunt zu klagen.
Ich nahm in acht/ was die doch sagt;
Thät hin mit Augen schlagen.

2. Ein junges Blut von Sitten gut/
Alleinig ohn geferdten/
In grosser Noth fast halber Todt
Im Garten lag auff Erden.

3. Es war der lieber Gottes-Sohn/
Sein Haupt er hat in Armen
Viel weiß/und bleicher/ dan der Mon
Eim stein es möcht erbarmen.

4. Ach Vatter/liebster Vatter mein
Und muß den Kelch ich trincken?
Und mags dan ja nit anders sein?
Mein Seel nit laß versincken.

XIX.

Bey stiller nacht, zur ersten wacht ein stim sich
gund zu klagen Ich nam in acht, was die doch sagt;
that hin mit augen schlagen.

[illegible]

[illegible]

Ach liebes Kind/ trinck auß geschwind;
Dirs laß in trewen sagen:
Sey wol gesinnt/ bald vberwind/
Den handel mustu wagen.
6. Ach Vatter mein/ kan es nicht sein/
Vnd muß ichs je dan wagen?
Wil trincken rein/ den Kelch allein/
Kan dirs ja nit versagen.
7. Doch Sinn vnd Muth erschrecken thut/
Sol ich mein Leben lassen?
O bitter Tod/ mein Angst vnd Noth
Ist vber alle massen.
8. Maria zart/ Jungfräwlich art/
Soltu mein schmertzen wissen
Mein Leiden hart zu dieser fahrt/
Dein Hertz wär schon gerissen.
9. Ach Mutter mein/ bin ja kein stein;
Das Hertz mir dörfft zerspringen:
Sehr grosse Pein/ muß nehmen ein/
Mit Todt/ vnd Marter ringen.
10. Ade ade zu guter Nacht/
Maria Mutter milde!
Ist niemand der dan mit mir wacht/
In dieser wüsten wilde?
11. Ein Creutz mir für den Augen schwebt/
O wee der Pein vnd schmertzen!
Dran soll ich morgen wern erhebt/
Das greiffet mir zum Hertzen.
12. Viel Ruthen/ Geissel/ Scorpion
In meinen Ohren sausen:
Auch kombt mir vor ein Dörne Cron!
O Gott/ wem wolt nit grausen?

13. Zu Gott ich hab geruffen zwar
Auß tieffen Todtes Banden:
Dennoch ich bleib verlassen gar/
Ist Hilff noch Trost vorhanden.

14. Der schöne Mon/ wil undergahn/
Für leyd nit mehr mag scheinen.
Die Sternen lan ihr glitzen stahn/
Mit mir sie wollen weinen.
Kein Vogel-sang/ noch Frewden-klang
Man höret in den lufften/
Die wilde Thier/ trawrn auch mit mir/
In Steinen/ und in Klufften.

Ein Ecloga oder Hirtengesang/ von Christo dem Herrn im Garten/ under der Person des Hirten Daphnis/ welchen der Himmlisch Sternen-Hirt/ das ist der Mon/ allweil er seine Sternen hütet kläglich betrawret. Seynd aber Trochaische oder Spring-verß/ so nach ihrem sprung wollen gelesen seyn also: wie oben.

Eingang.

1 MOn des Himmels treibt zur weiden
Deine Schäfflein gülden-gelb/
Auff gerundter blawen Heiden
Laß die Sternen walten selb/
Ich noch newlich/ so thät reden/
Da zu Nacht ein schwacher Hirt/
Aller Wegen/ steeg/ und Pfäden
Sucht ein Schäfflein mit begirdt.

2. Gleich der Mon ihm ließ gesagen/

Nam

Nam ein lind gestimtes Rohr:
Thät es blasen zärtlich nagen/
Spielet seinen Sternen vor.

Der Mon.

Auff ihr Schäfflein/ auff zur Heyden/
Weidet reines himmel-blaw
Dannenhero wan wir scheiden/
Schwitzt ihr ab den Morgen-taw.

3. Ach! wer aber dort im Garten
Ligt mit seinem Hirten-stab?
Wer wil seiner dorten warten?
Schawt ihr sternlein/ schawt hinab.
Haltet/ haltet/ ich nit fehle:
Ist der Daphnis wolbekant:
Eja/ Daphnis/ mir erzehle/
Daphnis/ was wil dieser standt.

4. Weidet/ meine Schäfflein/ weidet/
Ich mit ihm noch reden muß/
Weidet/ meine Sternen/ weidet/
Daphnis ligt in harter Buß.
Daphnis/ thut die Lefftzen rühren/
Eja/ nit verbleibe stumm.
Daphnis/ laß dich dannen führen/
Eia nit verbleibe Dumm.

5. Weidet/ meine Schäfflein/ weidet/
Daphnis ligt in ängsten groß:
Daphnis Pein/ vnd Marter leidet/
Wölt/ er läg in Mutter-schoß/
Er dem Felsen ligt im armen/
Ligt auff harten steinen bloß:
Ach wer dorten ihn wil warmen?
Förcht/ er da das Haupt zerstoß.

6. Weidet/ meine Schäfflein/ weidet/
Daphnis spaltet mir das Hertz/
Wer mag haben ihn beleidet?
Weinen möchten stein vnd ertz:
Kalte wind halt ein die Flügel/
Rühret nicht das franckes Blut:
Meidet jenen Berg vnd Bügel/
Daphnis ligt ohn schuch vnd hut.

7. Weidet/ meine Schäfflein/ weidet/
Daphnis leidet angst vnd Noth:
Daphnis dopple Thränen leidet/
Weisse Perl/ Corallen roth.
Perlen ihm von augen schiesse/
Schiessen hin ins grüne Gras:
Von dem Leib Corallen fliessen/
Fliessen in den Boden bas.

8. Weidet/ meine Schäfflein/ weidet/
Niemand hat's gezehlet gar/
Niemand hat es außgekreidet/
Ob auch Zahl der Tropffen war.
Nur der Boden wol genetzet/
Für den weiß vnd rothen schweiß/
Ihm zu danck heraußer setzet
Rosen roth/ vnd Lilgen weiß.

9. Weidet/ meine Schäfflein/ weidet/
Daphnis voller ängsten ligt:
Ruch/ noch Farben vnderscheidet/
Achtet keiner Blümlein nicht.
O was marter dir begegnet?
Hör zu schwitzen einmahl auff:
Gnug es einmahl hat geregnet/
Nit in rothem Bad ersauff.

10. Weidet/ meine Schäfflein/ weidet/
Wer doch hat es ihm gethan?
Niemand meine Frag bescheidet:
Du mir Daphnis zeig es an.
Daphnis kan für leyd nit sprechen/
Seufftzet manchen Seufftzer tieff/
Ihm das Hertz wil gar zerbrechen:
Ach daß jemand helffen lieff.

11. Weidet/ meine Schäfflein/ weidet/
Schon ein Englisch Edel-knab
Starck in Lufft vnd Wolcken scheidet/
Eylet hin in vollem Trab.
Er ihm singlet süsse Reymen/
Mit gar süssen stimmlein schwanck/
Auch den Kelch nit thut versäumen/
Zeiget einen Kräuter-tranck.

12. Weidet/ meine Schäfflein/ weidet/
Alles/ alles ist vmbsonst:
Er doch allen Trost vermeidet/
Achtets wie den blawen Dunst.
O du frommer Knab von oben/
Du nur mehrest ihm die Pein:
Doch ich deine Trew muß loben.
Gott! dirs muß geklaget seyn.

13 Weidet/ meine Schäfflein/ weidet/
O wie schlecht/ vnd frommer Hirt?
Er den Becher jetzet meidet/
Morgen ihms gerewen wirdt.
Er sich jetzet gar wil freyen/
Weigert/ was man trincket zu;
Dörfft villeichten morgen schreyen/
Ach wie sehr mich dürstet nu!

14. Weidet/ meine Schäfflein/ weidet/
Daphnis bleibet schmertzen voll:
Euch befehl ich/ euch entkleidet/
Reisset auß die gülden Woll.
Nur euch kleydet pur in Kohlen
Pur in lauter schwartzes Wand/
Von der scheitel auff die sohlen
Euch gebühret solcher standt.

15. Weidet/ meine Schäfflein/ weidet/
Daphnis führet starckes leyd:
Ist vom Vatter hoch veraydet/
Hoch mit wolbedachtem ayd/
Er doch wolte widerbringen/
Ein verlohren Schäfflein sein;
Ach wan solte das mißlingen/
Er ja stürb für lauter Pein.

16. Weidet/ meine Schäfflein/ weidet/
Daphnis wird verfolget starck:
[illegible] Schäfflein ihn beneydet/
Trachtet ihm nach Blut vnd Marck.
O was dorten! was von stangen/
Wehr/ vnd Waffen nehm ich war;
O villeicht man ihn kompt fangen!
Warlich/ warlich/ ist gefahr.

17. Weidet/ meine Schäfflein/ weidet/
Sprechen wolte bleicher Mon:
Ja nit weidet/ sonder scheidet/
Er da sprach/ vnd wolte gohn.
Scheidet/ scheidet/ meine schaaren/
Kan für leyd nit schawen zu:
Mich nun wolle Gott bewahren/
Daphnis, wer kan bleiben nu?

18. Drauff

XX.

Nerolich seine schälein weidet Damon sehr be-
Jch die Sonn zu zeit vermeidet wurd im nechsten
rumbter hirt
Wald verrört
Weil ich ihm doch pfeiffen höret tratt ge-
rad zum klang hinan Da war alle forcht zerstört dan ich
Kam auff rechte ban.

18. Drauff ade der Mon wolt spielen/
Da zersprang das matte Rohr:
Augen tropffen ihm entfielen/
Würde wie der schwartze Mohr.
Vnd weil eben dazumahlen
Er tratt an in vollem schein/
Gleich vertauschet er die stralen/
Vollen Schein gen volle Pein.

19. Auch die Sternen weinen kamen/
Flötzten ab all ihren schein/
Schein/ vnd Thränen flossen samen/
Recht zum blawen Feldt hinein;
Machten eine weisse gassen/
So noch heut man spüren mag.
Dan der Milch weg hinderlassen/
Ist wohl halb von solcher Bach.

Andere Ecloga oder Hirten-gespräch/ von der Gefängnuß Christi vnder der Person deß Hirten Daphnis.

Eingang.

1. NEwlich seine Schäfflein weidet
Damon sehr berümter Hirt:
Ich die Sonn zu weit vermeidet/
Würd im nechsten Waldt verwirrt.
Weil ich ihn doch pfeiffen höret/
Tratt gerad zum Klang hinan/
Da war alle Forcht zerstöret/
Dan ich kam auff rechte Ban.

2. Damon süß vnd lieblich spielet/
Damon mir auch wincken thät/
Mir ihr süsse Verß gefiele
Euch zu lieb mich hab verspäth.

Vnd weil da nichts war zu finden/
Da man euch könt schreiben auff/
Nahm ich eine grüne Rinden/
Zeichnet euch mit Dörnen drauff.

3. Damon spielte nur alarmen
Vber seinen mitgespan/
Der von Lauren/ ohn erbarmen/
War gefänglich zogen an
Daphnis heiß man ihn mit namen/
War mit reichem sinnn geziert;
Kam von altem edlen samen/
War der best vnd schönest Hirt.

4. Der Hirt Damon spielet.

Höret/ meine Schäfflein höret/
(Hub er an/ auff grüner Heyd)
Daphnis war von Lieb bethüret/
Liebe führet ihn ins Leyd:
Mörder nahmen ihn gefangen/
Als die Lieb ihn führet auß;
O villeichten muß er hangen!
Ach was gieng er doch von hauß!

5. Hundert Schäfflein/ jung von Jahren
Weidet er in stäter hut:
Hundert het er in verwahren/
An Gestalt/ vnd Wollen gut.
Ja nit het ers in verwahren/
Alle waren eigen sein/
So sein eigen alle waren/
Waren all Crystallen rein.

6. O der schönen silber-schaaren!
O der schönen wüllen Rott!
Daphnis/ dan laß trawren fahren/

Daphnis

Daphnis aller Hirten Gott.
Dir auch ist der Mon gewichen/
Dir auch seine Sternen Herd/
Sie sich nie mit dir vergleichen/
Nie mit deinen Schäfflein werth.
7. Nur ein einigs war entgangen/
War vom hauffen kommen ab:
Bald mit Liebe starck befangen/
Daphnis griff zu seinem Stab.
Tag/ vnd Nacht auff grüner Heyden
Lieff/ vnd rieff Er Ach/ vnd Ach/
Neun vnd neuntzig ließ er weiden/
Nun dem einen trachtet nach.
8. Armes Thierlein! O dir armen!
Daphnis rieff auff grünem Feldt:
Armes Thierlein! O dir Armen/
Daphnis lieff in alle Welt.
Er es allen thäte klagen/
Sorget ob es jemand fünd.
Er ein jeden thäte fragen/
Ob mans irgend spüren künt.
9. Ohn Gesellen/ ohn Geferden
Er da lieff in blinder Lieb:
Dachte keiner ander Herden/
Förchtet ihnen keiner Dieb.
Schier ohn Sinn/ vnd ohn Gedancken/
Offt er auch ohn Leben schier/
Geht in wilden Wälden wancken/
Nur beklagt diß einig Thier.
10. Thränen ihm herab er weltzen/
Von beschänckten Wangen beyd/
Er vor ängsten möcht zerschmeltzen/

Er sich wend auff alle seit:
Jhm die kräfften gar entweichen/
Er läßt fallen hut vnd stab/
Vnd geleint an holer Eichen/
Offt erwöhlet jhm das grab.
11. Blinde lieb/ nun mag ich sagen/
Blinde pfeil/ vnd bogen blind!
Dich ich freylich muß beklagen:
Daphnis hoch verliebtes kind:
Ach wie möchtest je doch lieben
Nur das einig Schäfflein arm;
Wo der ander hauff geblieben/
Ach/ vnd ach/ das Gott erbarm.
12. Ey laß lauffen/ laß nur lauffen:
Schaw die sag nit ärger werd/
Bleibe bey dem grösten hauffen/
Schöne dein/ vnd deiner herd.
Er doch schlieset seine strassen
Merckt nit/ was man wendet ein:
Er das thierlein nit wil lassen/
Laufft bey Sonn/ vnd Mone-schein.
13. Endtlich stürtzet er in nöthen/
Fält zur erden aller kranck;
Lieb/ vnd leyden jhn wil tödten/
Schencken jhm gar herben tranck.
O der wunder falschen thaten!
Judas gar ein falscher Hirt/
Jhn alldorten geht verrahten/
Er alldort gefangen wirdt.
14. Ach jhr stille fewr vnd flammen/
Bleicher Mon/ vnd bleiche Stern/
Leuchtet her/ vnd leucht zusammen.

Bleiche Facklen / vnd Latern:
Leuchtet her / dem armen kinde;
Leuchtet ihm zur nacht hinauß /
Daß er weg / vnd strassen finde /
Ob villeicht er käme drauß.

15. Aber ach! seynd schon verrahten:
Alle winckel / weg / vnd gaß:
Schon die Schergen vnd Soldaten
Schliessen jeden steeg / vnd paß.
Sie den knaben greiffen / binden /
Wüten wie die Tarter-hund /
Jhn in seyl / vnd ketten winden /
Jhn mit stricken machen wund.

16. Daphnis freundlich in geberden
Seufftzet mit gar sanfftem sinn /
Bald man reisset ihn zur Erden /
Tretten / fallen vber ihn.
O der hart vnd schwären bürden!
Wie doch Daphnis klagen thut:
Seyl vnd ketten schamroht würden
Schamroht auch von frembden blut.

17. Gnug ihr banden seidt geröthet /
Euch nit weiter trincket voll;
Schier die Rott hett ihn getödtet;
Ach wie blind! wie frech vnd toll!
Ach was hüpffen! jauchtzen! juchtzen!
Ruffen! schreyen! vber laut
Frewdig schwingens arm vnd vchtzen
Fahren schier auß eigner haut.

18. Sie da fechten / schlagen / balgen /
Toben ohn verstand / vnd sinn:
Jr nur pochen / creutz / vnd galgen /

Führen ihn zu schlachten hin.
O! wan deiner ich gedencke
Daphnis, Daphnis, viel zu fromm!
Satt ich meine wangen träncke;
Ruffend/schreyend/schaw mich umb.

19. Daphnis, Daphnis, ich muß trawren:
Wo bist hin geführet dan?
Wil zerschlagen Schlöß/ und Mawren/
So nur solches helffen kan.
Kron der Hirten außerkohren/
Daphnis unser mit-gespan;
Dich noch zimblich jung von Jahren
Gnugsamb niemand loben kan.

20. Daphnis, O du zier der Felden/
Daphnis hoch berühmter Knab/
Dein war alles Wildt in Wälden/
Wan die Pfeil nur schicktest ab.
Deine Pfeil/von deiner Sennen
Kaum nur hettest abgesetzt/
Da war mitten auch im rennen
Schon das lauffend Wildt verletzt.

21. Du die beste Schäfflein hettest/
Schäfflein wie die Schwanen weiß/
Recht vom Rauber du sie rettest/
Alle gaben dir den Preiß.
Du den Bären/Löwen/Drachen
Fertig warest auff der Haut/
Rissest ihnen Schlund/und Rachen/
Nahmest ihnen allen Raub.

22. Wind/und Wetter/Feldt/und Wiesen/
Freundlich dienten deiner Herd;
Mon/ und Sternen hoch gepriesen
Dir auch schienen unbeschwärt.

Doch

Doch was wil mich lang verweilen?
Was wil rühmen jenen stand?
Weil ja nun mehr gar in eylen/
Gar ist alles vmbgewand.

23. Dir nun alle schäfflein greinen/
Daphnis O du frommes Kind!
Dich auch alle Flüß beweinen/
Dich beseufftzen alle wind:
Dich auch alle Bäum besausen/
Dich auch schall/ vnd widerschall:
Dir auch Meer/ vnd Wällen braußen/
Dir auch trawret Berg/ vnd Thal.

Beschlus.

24 Mir dan solches dazumahlen/
Damon aller trawrig sang/
Biß die schöne sonnen-stralen
Sich geneigt zum vndergang.
Damon Damon/ Kron der sänger/
O wie wunder süsse Reym!
Gern ich wolte bleiben länger/
Schaw die Nacht mich treibet heim.

Andere Ecloga / oder Hirten-Gedicht

von selbiger Materi / darin der Bach Cedron Poetisch eingeführt wird/ so die Gefängnuß Christi vnder der Person deß Hirten Daphnis beklaget: seynd abermahl Trochaische Versen/ mussen gelesen werden wie das Pange lingua. oder Mein Zung erkling. &c.

1. DA nun abends in dem Garten
Daphnis vberfallen war/
Vnd nun keinen grimmen sparten

Starck

Starck bewerte Mörder-schaar.
Hube süßlich an zu weinen
Ein so gar berühmbter Bach;
Ließ die liebe sternen scheinen/
Er dem Daphnis trawret nach.

2. Cedron hieß der Bach mit namen/
Wohnt an einem holen stein:
Offt zu ihm Gesellschafft kamen/
Damals war er doch allein.
Saß in seiner grünen Krufften/
Strälet seine bintzen haar/
Spielet mit gar sänfften lufften/
Dacht an keine Kriegs-gefahr.

3. Rohr/ vnd Graß/ vnd Wasser-blätter
Decken seine schulder bloß/
Starck er sich bey feuchtem Wetter/
Leint auff seinem Eymer groß:
Doch weil er fast müd gelauffen
Da zumahl in starckem trab/
Er ein wenig wolt verschnauffen/
Goß den Eymer langsam ab.

4. Nahm ein Röhrlein wol-geschnitten/
Spielet seinen Wässerlein/
Sie zum schlaffen thät erbitten/
Wolt sie süßlich sausen ein.
Eia meine Wässer schlaffet/
Schlaffet meine Wässerlein:
Nit mit augen immer gaffet/
Eia schlaffet/ schlaffet ein.

5. Kaum nun waren eing'schlaffen
Seine matte Wässerlein/
Wald erklungen wehr/ vnd waffen/

Klang

Flamm/ und Fackel gaben schein/
Nur von doll und vollen Knechten/
Voll war alles vberall/
Nur von jauchtzen/ springen/ fechten/
Thal und Vfer gaben schall.
6. Cedron erstens gar erschrecket/
War der waffen vngewohn/
Bald er seine wässer wecket/
Wolte der gefahr entgohn.
Wie die Pfeil von Bogen zielen/
Lieff er ab auff nasser merk/
Rohr/ vnd Eimer ihm entfielen/
Fiel auch selbst in blinder eyl.
7. Doch weil nachmahls er verspüret/
Es nit wider ihn gemeint/
Vnd nur Daphnis würd geführet/
Daphnis von bekantem Feind;
Ließ er ab von strengem lauffen/
Fasst ein weiden Ruth/
Seine wässer trieb zu hauffen/
Vnd beklagets junges Blut.
8. Trawrig hub er an zu klagen/
Bließ auff einem holen Ried/
Hertz vnd Muth ihm war zerschlagen/
Sang mit schmertzen folgends Lied:
Ach/ vnd ach/ nun muß ich klagen/
Daphnis, o du schönes Blut!
Ach/ vnd ach/ bin gar zerschlagen;
Brochen ist mir Hertz/ vnd Muth.
9. Daphnis, o du schöner Knabe/
Daphnis, mir so lang bekandt/
Offt bey mir du schnittest abe

Ried/ vnd Röhrlein allerhandt.
Weil du deren hast verschlissen/
Wan du spieltest deiner Herd;
Seynd im blasen viel zerspliessen/
Waren mehr dan Geldes werth.

10. Offt bey mir die weyde nahmen
Deine Schäfflein silber-weiß.
Offt zu mir auch trincken kamen/
In den Sommer-tagen heiß.
Wan dan spieltest deinen Schaffen/
Vnd die Röhrlein bliesest an/
Gunten meine Wässer schlaffen/
Wanckten offt von rechter Ban.

11. Auch die Wind sich gunten legen/
Bunden ihre Flügel ab/
Kaum den Athem thäten regen/
Wie dan offt gespüret hab.
Auch die Schaff mit lüsten assen/
Süsser würden Laub/ vnd Graß/
Ja deß weidens offt vergassen/
Deine stimm viel süsser was.

12. Auch die Vöglein kamen fliegen/
Kam auch manche Nachtigal/
Deinem spielen (wil nit liegen)
Hörten zu/ mit grosser Zahl.
Sassen gegen deiner Geigen/
Sassen gegen deinem Rohr/
Thäten ihnen freundlich neigen
Dan das linck/ dan rechtes Ohr.

13. Schöne Sonn/ du deinen Wagen
Liessest in gar linden lauff/
Wan bey reinen Sommer-tagen

Dir

Dir nur Daphnis spielet auff.
Schöner Mon/ du deine Sternen
Morgens führtest ab zu späth/
Wan auch Daphnis dir von fernen
Je zu nachten spielen thät.
14. Schöne Sonn/ magst nunmehr trawren
Daphnis dir nit spielet mehr;
Daphnis ist von bösen lauren
Hingeruckt ohn widerkehr.
Schöner Mon/ magst nunmehr klagen/
Daphnis rastet in verhafft:
O den schweren Eisen Kragen!
O der kalten Ketten Krafft!
15. Mon/ und Daphnis ihr allbeyden
Offt enthieltet euch vom schlaff:
Kamet in Gesellschafft weiden/
Du die Sternen/ Er die Schaff.
Nit hinfüro wacht allbeyden/
Schlaff/ O matter Mon/ entschlaff/
Nit zusammen werdet weiden/
Du die Sternen/ Er die Schaff.
16. Ach ihr Schäfflein wer wird hüten/
Wer soll euch nun treiben auff?
Hirten solcher milt/ und güten
Seynd nit also guten kauff.
O deß jung/ und schönen Knaben!
Hirt/ und Schützen gleiche gut;
Wer soll seinen stecken haben?
Taschen/ Horn/ und Winter-hut?
17. Wer soll haben seinen Bogen?
Wer den Kocher/ Pfeil/ und Boltz/
Bôltz mit welchen (ungelogen)

Er nit fehlet im Geholtz.
Wer soll haben seine Geigen?
Cyther, Leyr, vnd Dulcian?
Ach für trawren muß ich schweigen!
Ach ade, muß fliessen gahn.

Poetisch gedicht, vber das Ecce Homo, nach der Geißlung, vnd Crönung Christi.

1. SChaw den Menschen, O du schnöde,
Frech vnd stoltze, böse Welt.
Ach nit JEsum vollens tödte,
Schaw wie gar ist er mißstelt!
Schaw die Wunden sich entschliessen,
Schaw der Safft heraussr bricht,
Schaw die rohe Bächlein fliessen,
Färben Leib, vnd Angesicht.

2. Schaw den Menschen, gar zergerbet,
Gar mit Ruthen rissen auff:
Viel zu starck er ist gefärbet;
Purpur war zu guten kauff.
O der viel zu scharffen Ruten!
O was wunder vberal!
Ach nun höret auff zu bluten
Heisse Brünlein ohne zahl.

3. Schaw den Menschen, den die Liebe
Viel zu starck am Hertzen brann:
Lieb vom Himmel ihn vertreibe,
Nackent er zur Erden rann:
Er zun Menschen vnverdrossen
Sprang von seinem gülden saal,
Ihn die Menschen gar verstossen,
Hassen, meiden vberal.

4 Schaw den Menschen / der die Menschen
Suchet ohne massen sehr:
Schaw den Menschen / den die Menschen
Flihen ohne widerkehr:
Ach wie brennet er von Liebe /
Bleibet stäts gezündet an!
Ich für wunder mich ergibe /
Kaum ich mehr gereden kan.

5. Schaw den Menschen / der vom Vatter
Wurd gebohren ewiglich /
Ich erzitter / vnd erstatter /
Wan ich recht bedencke mich.
Gott von wahrem Gott geboren /
Liecht von wahrem Liecht gezünd /
Steht verspottet gleich den Toren /
Büsset lauter frembde sünd.

6. Schaw den Menschen / der auß nichten
Erd / vnd Himmel schaffen thet:
Wunder Thaten vnd Geschichten /
Kamen her von seiner Redt.
Nur mit einem Wort alleine
Schuff er alle wunder groß /
Thier / vnd Menschen ich vermeine /
Sampt Geschöpffen leben loß.

7. Schaw den Menschen / der auß nichten
Mon / vnd Sternen zündet an.
Der die Baanen thäte richten /
Eh die Sonn im Circkel rann.
Gleich die reine Tag / vnd Nachten
Mahlten vns den Erden kreiß /
Vnd von Ost vnd Westen brachten

Braune schatten stralen weiß.
8. Schaw den Menschen / der zun Wolcken/
Hoch aufffůhret dåmpff/ vnd meer/
Der auch alle Wind vnd Wolcken/
Tummlet in den lüfften lår:
Der mit seinen stralen schrecket
Alles feucht/ vnd trucken landt:
Schaw nun er in ångsten stecket/
Leidet spott/ vnd narren-tand
9. Schaw den Menschen/ den die Engel/
Tieff gebogen betten an;
Schaw nun ihm die galgen schwengel/
Ihm die Schergen widerstahn.
Schimpfflich habens ihn gekrônt;
Zeugets jener Dörnen hut:
Ernstlich habens ihn verhônet;
Zeugens jene streich vnd Blut.
10. Schaw den Menschen/ schaw den wahren
Spiegel der Dreyfaltigkeit/
Alle Klarheit ist entfahren/
Aller schein/ vnd Herrligkeit.
O wie vor so reine Fackel!
O wie reiner Augen-brandt!
Ist nun worden voller Mackel/
Voller speichel/ voller schand:
11. Schaw den Menschen/ schaw den Brunnen
Aller lust/ vnd lieblichkeit:
Schaw die Wässer seynd entrunnen/
Alles voller speichel geit.
O wie vor so schöne Wangen!
O wie vor so lefftzen rein!

Alle

Alle schönheit ist entgangen/
Aller Glantz/vnd Augen-schein.
12. Schaw den Menschen, der vnschüldig
Wird verdampt zum Galgen-todt.
O wie friedsam/ vnd gedültig
Leidet er die Wunden roth!
Schaw den Menschen der von Heyden/
Der von Juden wird veracht:
O wie spöttlich er von beyden
Wird verwiesen vnd verlacht!
13. Schaw den Menschen, der zu richten/
Kombt gewiß an jenem Tag/
Dan wird er all schuld vnd pflichten/
Vnd anhören alle klag.
Er die Todten wird erwecken/
Jhn das Leben blasen ein;
Wird mit ihrem Fleisch bedecken
All/vnd jede Menschen-bein.
14 Er alsdan in Fewr vnd Flammen/
Wird ersauffen alle Landt/
Er die Sünder wird verdammen
Zu dem blawen Höllen-brandt.
O was heulen/ O was klagen/
Er wird haben da bereit?
Da nach diesen schnöden Tagen/
Brennt das Fewr in Ewigkeit.
15. O wir arme Menschen-Kinder/
Wie dan werden wir bestahn?
Weil wir also schnöde Sünder/
Jhn so gar zergeißlet han?
Wir auch haben ihn gekrönet/
Wie die Dörn gepresset ein/

Wir

Wir auch haben ihn verhönet/
Ihm gesponnen alle Pein.
16 Jesu/wir zu deinen Füssen
Werffen Arm/ vnd Ancker ein:
Wir da deine Wunden grüssen;
Wir da hoffen sicher sein.
Ach den Frieden vns doch schencke/
O du roth gewaffnet Held!
Ach in deinem Blut versencke
Sünd vnd Laster aller Welt.
17. Jesu/ du für vns gebohren/
Du für vns gegeben dar/
Nit laß sein an vns verlohren
Deine Marter allegar.
Mach doch vns in Zähren schwimmen/
Mach doch vns mit deinem Blut
Leschen deines Vatters grimmen/
Seinen Zorn vnd Hertzen-glut.

Ein trawriges Gespräch/ so Christus an dem Creutz führet.

Eingang.

1. DA mit peinen gar vmbgeben/
Schier in Todt gewickelt ein/
Thät an seinem Balcken schweben
Jesus der Geliebter mein/
Er noch beyde Lefftzen rühret/
Beyde Lefftzen bleich/ vnd fahl/
Er noch manche Klagen führet/
Weinet/ seufftzet ohne Zahl.
Ach ihr seine Lefftzen beyden/
Beyde purpur schwesterlein/

Ihr noch wenig vor dem leyden
Waret wie Corallen-stein.
Euch der falbe Todt bestreichet/
Färbet euch mit bleicher Noth:
Ihr nun keiner Purpur gleichet/
Keinen ihr Corallen roth.
3. Ihr zum Reden euch thut regen/
Seelig wer es hören könt/
Wil nun beyder Ohren pflegen/
Ob noch etwas ich verstünd.
Kommet her zu diesem Stammen/
Kommet alle Menschen Kindt/
Höret Jesum allesammen/
Er zu klagen starck beginnt.

Jesus spricht zu den Nägeln.

4 ACh ihr Nägel/ stumpffe Kägel/
Soltet ihr mich hefften an?
Ihr mich plagen? ihr durchschlagen?
Ach was hab ich euch gethan?
Ich auß nichten alle Waffen/
Eisen/ Kupffer/ Ertz/ vnd Stahl.
Euch/ vnd anders hab erschaffen/
Alles Berg-Werck/ vnd Metal.
5. Ach wie waret ihr vergessen
Aller Wolthat in gemein?
Ach wie waret ihr vermessen/
Mir zu geben solche Pein?
Ach wie kontet mich verwunden?
Euch was hab ich leyds gethan?
Ach wie gar zu lange Stunden
Ihr mich nun mehr haltet an?

6. Ihr mich ohne Massen quälet/
Ihr mich aller schöpffet auß:
Ihr mir alle Kräfften stelet/
Denck es nit ohn starcken grauß.
Ach ihr viel zu rauhe Nägel/
Ach der starcken Marter mein!
Meine Glieder zart/vnd hägel
Ihr erfült mit höchster Pein.

Antwort der Nägel.

7 ACh vns armen! vns ellenden
Ach was haben wir gethan?
Jesu wir vns hoch verpfänden/
Wir nit waren schüldig dran.
Da wir zu den Händen kamen/
Da wir zu den Füssen dein;
Wir ein grausen warlich nahmen/
Wolten da nit wälen ein.

8. Deinen Cörper halb erfroren/
Deine zarte Füß vnd Händ/
Wir mit nichten dörfften boren/
Hätten schon vns abgewendt;
Bald ein grober eysen Flägel/
Vber alle Flegel hart/
Trieb vns arme stumpffe Nägel
Starck in deine Glieder zart.

9. Ach was wurden wir getrungen/
Als wir wolten wiederstahn?
Wären schier in Stuck zersprungen/
Biß wir endlich musten gahn.
Drumb nit laß es vns entgelten/
Wir es dir nit haben than:

Jesu/ thu den hammer schelten/
Thu den hammer klagen an.

Jesus spricht zum Hammer.

10. O Du grober eisen Hammer/
Soltest du mich hefften an?
Du mir schaffen solchen jammer?
Dir/ was hab ich immer than?
Ich doch hab dein lob vermehret/
War gen dir so wol gesinnt/
Daß man freylich hoch verehret
Dich in meiner Bibel findt:
11. Dan mit dir ich hab verglichen
Meine red/ vnd Gottes-wort/
Hab dich herlich außgestrichen
An gar wol bekantem ort;
Wie dan köntest mich beneyden/
Mich an diesen balcken schlan?
Wie dan helffest meinem leyden?
So dir nichtes hab gethan.

Antwort deß Hammers.

12. ACh mir armen/ vnd ellenden!
Ach was hab ich böses than?
Jesu/ kan mich auch verpfänden/
Ich nit ware schuldig dran.
Ich von wesen / vnd naturen
Bin ein bloßer Menschen-Knecht/
An gestalten/ vnd figuren
Vber alle massen schlecht.
13. Bin von groben holtz / vnd eysen
Ohn discurs/ vnd ohn verstandt:

Laßt mich führen/ laßt mich weisen/
Wer mich hebet in der Hand.
Ich mich selber nie mag regen/
Noch zum schlagen heben auff/
Mich ein ander thät bewegen/
Nahm die Nägel schluge drauff.
14. Er mit Kräfften/ er thät schlagen/
Er da führet alle streich:
Mir es thäte sehr mißhagen/
Bin vor Schrecken worden bleich.
Gleich die warme purpur spritzet/
Mich in eylen färbet roth;
Ich von heissen safft erhitzet
Wurd geweicht ab deiner Noth.
15. Hab mich weiter nicht gerühret;
Mich nit wollest fahren an;
Schelte den/ der mich geführet/
Schelte nur den Zimmerman.

Jesus spricht zum Zimmerman

O du freylich eysen-harter/
Vngeschlachter Zimmerman:
Ach was brachtest mich zur marter/
Dir was hab ich leids gethan?
16. Ich das Handwerck hab erhoben/
Aller handwerck vnveracht:
Da sampt meinem Vatter droben
Wir die schöne Welt gemacht.
Erd vnd Himmel wir in Zeiten
Han gezimmert vnd gebawt/
Selber thäten wirs bereiten/
Habens keinem anvertrawt.

17 Auch auff Erden ich da niden
Wöhlet einen Zimmerman/
Den ich nahm vor all vnd jeden
Mir zu meinem Pfleger an.
Wer dan thäte dich verblenden?
Wer dan hatte dich verruckt?
Da zu meinen Füß vnd Händen
Du den Hammer angetruckt.

Antwort deß Zimmermans.

18. ARmer JESV/ Sohn deß wahren
Erdt- vnd Himmel Zimmermans/
O nit wollest mich befahren/
Ich bin ohne schulden gantz.
Was ich thäte/ ward befohlen/
Von gelehrter Obrigkeit;
Mir in warheit deine Qualen
Seynd von Hertzen selber leid.
19. Nit verdencke mich zu schlechten/
Vngeschickten Zimmerman/
Ein so dummen/ in den Rechten
Vngelehrten Vnderthan.
Ohne zweiffel deiner thaten
Hat man dich gestelt zur Red/
Eh man dich zum Creutz berathen;
Eh man dich verdammen thät.
20 Weil das Vrtheil nun gesprochen/
Klag es meiner Obrigkeit:
Sie den stecken han gebrochen/
Da dan hole dir Bescheidt.

IESVS spricht zur Obrigkeit.

O du freylich vnbedachtsam/

Vnbescheiden Obrigkeit:
Nur zu meinen Peinen wachtsam/
Oder was thät ich je zu leidt?
21 Ich dich allweg hab verehret/
Dir mit nichten widerstrebt/
Deine Satzung nie verkehret/
Friedlich vnd in Ruh gelebt:
Ich bey deinen Vnderthanen
Bin gereiset auff vnd ab:
Ich sie trewlich lieff ermahnen/
Ich sie recht gelehret hab.
22. Ich den Blinden/ ich den Lamen
Gab ja wider Liecht vnd Gang/
Ich sie tröstet alle samen/
Schaw/ was gibstu mir zu Danck?

Schimpffliche Antwort der Obrigkeit.

DA wolan du schöner Lehrer/
Schöner Meister vnd Prophet.
Da wolan/ du Land-verkehrer/
Gelt/ es nu zum Nagel geht.
23. Doch nit wollest vns verklagen/
Noch den Handel messen zu/
Dan zum Leiden/ wil man sagen/
Warest ja gebohren du/
Weil dan je zu deinem Leiden
Deine Mutter dich gebahr/
Schon gerechnet ohne Kreiden/
Schaw die Summ ist offenbahr.
24 Drumb es nur der Mutter klage/
Klag es deiner Mutter frey/
Nur die sach mit ihr vertrage/
Sie dir lasse springen bey.

Jesus spricht freundlich zur Mutter.

Mutter/ mutter / O von hertzen
Viel geliebte mutter mein!
O was peinen / O was schmertzen
Mir beschleichen marck/ und bein!
25. Ach wie köntest mich gebähren
In so grosse Qual/ und Pein?
Warestdu dan (solt man schweren)
Lauter stahl / und marmerstein/
Ware dir dan je geschnitten
Hertz/ und muht/ und ingeweid
Nur von felßen auß der mitten?
Oder von metal bereit?
26. Ach wie kontest mich gebähren
Nur zu lauter Pein/ und Qual?
Ach wie kontest mich ernehren/
Geben mir die brüsten-stral?
Ey was rücktest mich zum leben
Mir was reichtest fleisch/ und blut.
Da nur Creutz und leiden eben
Mir solt werden zu gemuth?
27. Ey was brachtest mich zu reden/
Zu gemeinem lufft und licht/
Da doch endtlich ich solt werden/
Nur mit marter hingericht?

Antwort der Mutter.

O Betrangtes Hertz der Hertzen!
O du zartes Mutter-Kind!
Warest muster meiner schmertzen!
Mir das blut zum hertzen rinnt!

28. O nit wollest mich verdencken/
JESV / mir zu viel geschicht?
So mich soltest weiter kräncken/
Mir das hertz in stuck zerbricht.
Dan zu süssem liecht vnd leben
Ich dich hab geboren zwar/
Doch zu deinem Creutz beyneben
In mir kein gedancken war.

29. Mir von himmel kam geflogen
In gemahlten wolcken kleidt/
Gleich dem schönen regen-bogen
Ein gesandter mit bescheidt/
Ich in meinem leib empfangen
Solte wahren Gottes sohn/
Der in warheit wurd erlangen
David seines Vatters thron.

30. Wie dan wolte mich erwehren?
Wie der bottschafft wiederstähn/
Noch so werhten Sohn gebähren/
Alß man mir gezeiget an?
Ob villeicht nun er gefehlet
Der die bottschafft mir gebracht/
Ihm soll werden zu gezehlet/
Ich nit komme in verdacht.

Jesus spricht zum Bottschaffter dem Engel Gabriel.

31. O Du sonsten wollgezogen/
Gabriel du schöner Knab!
Ach wie dörfftest immer wogen
Was doch nie verdienet hab?
Ach wie dorfftest mich verkünden

Zur Geburt vnd Mutter-schoß?
Weil ich kommen ohne sünden
Solt in diese Marter groß?
32. Ach wie dörfftest mir bereiten/
Eine solche sawre Bahn/
Die so peinlich solte leiden/
Vnd gerad zur Marter gahn?
Ach wie köntest ohn erstummen
Mich zum leben melden an?
So man endlich wird in summen
Mich an diesen Balcken schlan?
33. Wer doch wolt es je vermeinen
O du schöner Gabriel/
Du zu mehren Qual vnd Peynen
Würdest eylen also schnell?
O der schönen Himmel Knaben!
O der trewen Diener mein!
Die so fertig kamen traben/
Vnd mir helffen zu der Peyn.

Antwort deß Engels.

34. O Du König hoch betrübet/
Voller schmertzen vberall/
Jesu/ich nichts hab verübet/
Welches billig dir mißfall.
Ich zu diesem Liecht vnd Leben
Hab dich angekündet zwar:
Doch wer könte widerstreben/
Weil es mir befohlen war?
35. Hoch von Himmel thäte senden
Mich der ewig Vatter dein/

Gleich vmbgürtet ich die Lenden/
Tratt in lären Lufft hinein:
Kam zu deiner Mutter eben/
Meldet ihr in aller still:
Mir als war in mund gegeben/
JEsu deines Vatters Will.
36 Warlich auff gerechter Wage
Muß ich ohne Schulde seyn/
Du den Vatter selbest frage/
Frage nur den Vatter dein/
Er zu meiner Ambassaden
Selber dichtet alle Wort/
Hieß mich gehn den schnur z faden
Nechsten Weg in Lufften fort.

JESUS spricht zum Vatter.

37. HEli, lamma Sabactani!
Vatter liebster Vatter mein:
Heli, lamma Sabactani!
Schaw die Marter/ Noth vnd Pein.
Schaw/ die schaaren mich vmbgeben/
Saugen meine Füß vnd Händ:
Schaw/ die Körner ab den Reben
Fliessen/ weidlich auffgetrennt.
38 Schaw/ die wilde Bähren prassen/
Sauffen meine Seel vnd Blut:
Ach wie kontest mich verlassen?
Mich berauben deiner Hut?
Vatter/ Vatter/ ach warummen
Liessest in so schwäres Creutz
Deinen eintzen Erben kummen?
Vatter/ Vatter/ was bedeuts?

39. Solte dan je wol gewesen
Ein so strenger Vatter sein/
Der mit also scharpffstem Wesen
Seine Kinder zäumet ein?
O wie schöne Vatters liebe!
O wie schönes Vatter-Stuck!
Der so werthen Sohn vertriebe/
Vnd von ihm sich wandt zuruck.

40. Heli, lamma, sabactani!
Solte dieses rühmlich seyn?
Heli, lamma, sabactani!
Warlich/warlich/Vatter nein.

Antwort deß himlischen Vatters.

O Geliebter Sohn von Ehren
Jesu viel geliebtes Kindt/
Nur begeb dich deiner Zähren/
Spare deiner Seufftzer windt.

41. Dich zu gar nit läß verstören/
Deine Schmertzen/deine lieb:
Mich gedültig wöllest hören;
Sohn ich dir verlohren gib.
Was nur sagest/was nur klagest/
Auß gar hoch betrangtem Geist/
Dich nit schönet/klingt/noch thönet
Wie dan du auch selber weist.

42. Du mit grosser lieb vmbgeben
Gegen deine Menschen-kind/
Selber thätest immer schweben/
woltest auff die welt geschwindt/
Du mit süsser Flamm gezündet
Selber woltest auff die welt/
Meine Tempel wol gegründet

Selber hast hindan gestelt.
43. Du mich selber hast getrieben/
Ich dich solte reisen lan;
Vnd es einmahl ohn verschieben
Lan auff erden kunden an.
Gleich mit also gutem wissen/
Mit gar wol bedachtem sinn/
Bist in eiffer außgerissen/
Zu den menschen zogen hin.
44. Ich zun offt/ vnd offtermahlen/
Hab es alles vndersagt:
Du zun offt/ vnd offtermahlen
Es doch nahmest nit in acht;
Offt ich warnet/ offt ermahnet
Sohn es dir wird vbel gahn;
Waß doch warnet/ waß ermahnet
Du mit nichten hörtest an.
45. Ich von hertzen/ ohne schertzen
Rieffe/ laß die menschen stahn;
Du von hertzen ohne schertzen/
Riefest wil zun menschen gahn.
Du von liebe gar verblendet/
Woltest bey den menschen seyn;
Schaw nun eben ist vollendet/
Waß ich offt gewendet ein.
46. Du die menschen hast geliebet
Ohne massen viel zu viel/
Schaw die liebe dir nur gibet
Solchen lohn/ in solchem spiel.
Deinen menschen/ deiner liebe/
Dir es selber schreibe zu;
Keine schulden mir nit gibe/
So man dirs bezahlet nu.

JESUS spricht zum Menschen.

47. HOret/ höret/ so die strassen
Wandert/ alle menschen kindt:
Höret/ höret/ ohne massen
Mich die liebe kräfftig brinnt:
Schawet/ zehlet meine wunden/
Meine strämen rosen-roth.
Ich von flammen vberwunden/
Lösch mich ab in kaltem todt.

48. Ich mir selber thu den schaden/
Klage selber alle schuld;
Selber ich mich hab beladen/
Wil mich geben in gedult.
Ich von lauter lieb gezogen/
Ließ den Scepter/ Thron/ vnd Kron;
Zu der erden thät mich wogen/
Würde meiner Mutter sohn.

49. Mir ich selbest hab zu klagen
Meine schmertzen/ meine pein:
Mir nur wöllet helffen tragen/
O geliebte menschen mein.
Höret/ höret mein begeren/
Höret meine letzte bitt/
Ihr mich deren wolt gewehren/
Noch versagens nimmer nit.

50. Weil die liebe mich getrieben
Also weit in diesen stand/
Ihr hinwieder mich zu lieben

Messet ab an diesem Stammen/
Diesem Creutz/vnd Marter thewr.

51\. Ihr an diesem Balcken findet
Meiner Flammen rechte Maß/
Da die Liebe mich noch bindet/
Auch mit Eysen-Hafften baß.
Nur hinwieder/nur mich liebet/
O ihr harte Marmerstein!
Arme Sünder/nie verschiebet?
Wil alsdan zu frieden seyn.

52\. Meine Marter/meine Qualen/
O geliebte Menschen-Kindt!
Ich gedenck/dan allzumahlen
Schlage hin in Lufft/vnd windt/
Nur bey diesem Creutz vnd Fahnen
Euch zur Liebe stellet ein;
Liebet/liebet/euch ermahnen
Meine Wunden/meine Pein.

53\. Liebet/liebet/ich zur letzten
Euch zur letz ersuchen thu/
Lieb mit Liebe thut ersetzen
Mir die Lefftzen fallen zu.
Schawet/schawet/ich von leyden
Werde Seel- vnd Kräfften loß/
Vatter/Vatter/laß verscheiden
Meinen Geist in deinen Schoß.

Klag- vnd Trawr-Gesang der Mutter Jesu/ vber den Todt ihres Suhns/den sie beklagt vnder der Person deß Hirten Daphnis.

1\. DA zu Grabe/Daphnis lage/
Daphnis hoch berümbtes Kind

Da zu grabe Daphnis lage, Daphnis hoch
Hört man seiner mutter Klage, Schlaffen war.
berümbtes Kind.
ren lufft und wind.
Erd, und himel schwartz benachtet, stünde
in gar braunem Kleid, Sonn vor schmertzen war ver-
schmachtet mon, und sternen trugen leid.

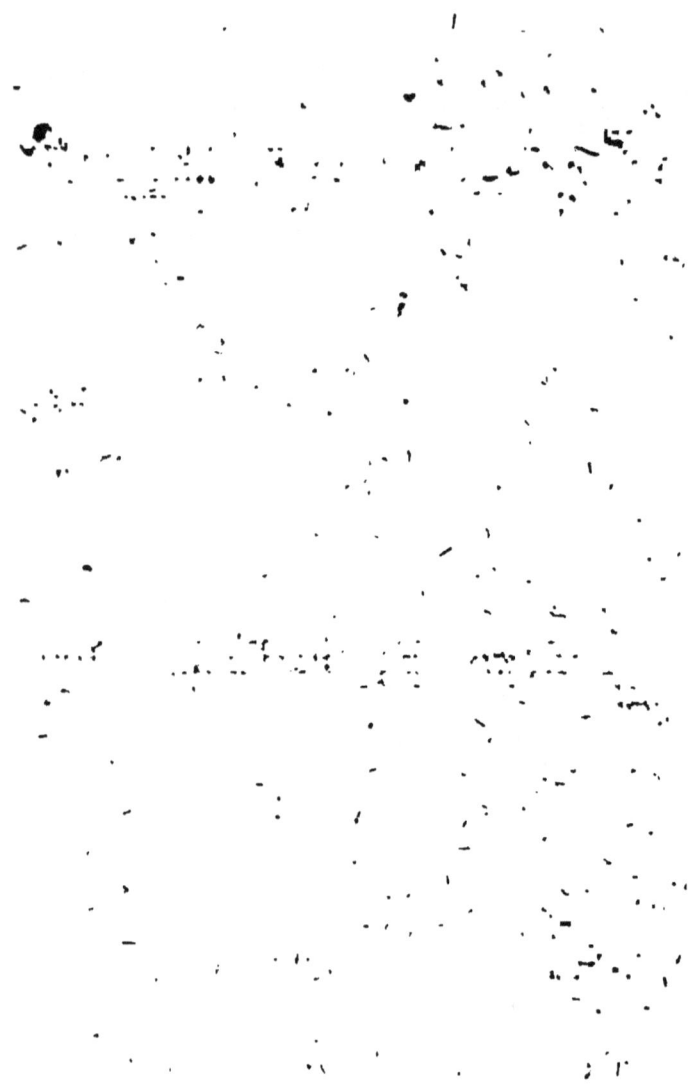

Hört man seiner Mutter Klage;
Schlaffen waren Lufft vnd Wind/
Erd/vnd Himmel schwartz benachtet/
Stunden in gar braunem Kleid/
Sonn vor schmertzen war verschmachtet/
Mon/vnd Sternen trugen leyd.
2. Ach! ihr schöne Mon vnd Sternen/
Gülden Flämmlein/gülden schein.
Gülden Oepffel/gülden Kernen/
Gülden Perl vnd Edelstein.
Ach! ihr gelbe gülden Lichter/
Die betrübte Mutter sprach/
Ach! ihr gülden Angesichter/
Trawret meinem Daphnis nach.
3. Ach! nur weinet/vnd nit scheinet/
Klaget mein so schönes Kind?
Ach! nit scheinet/ach! nur weinet/
Vnd euch weinet sauber blind.
Daphnis hoch berümbter Knabe/
Ward in wildem Waldt ermordt/
Da mit seinem hirten stabe
Daphnis kam der frembden Ort.
4. Daphnis saß auff grüner Heyden/
Sah nur eins der schäfflein seyn.
Von gemeinem Hauffen scheyden/
Vnd zur Wüsten lauffen ein;
Daphnis da nit lang verweilet/
Auch zur wilden Wüsten rannt
Nach dem schäfflein weidlich eylet/
Jhn die Lieb wol hefftig brannt:
5. Kaum nun Daphnis hat gefunden
Wol gesuchtes Thierlein zart/

Er von Bähren/ Wölff/ vnd Hunden
Gleich im wald vmbgeben ward:
Sie da spannten ihre Rachen/
Sprungen auff das schöne Kind;
Wie die vngehewre Drachen
Jhn zu morden gantz gesinnt.
6 Rissen seine Füß vnd Hände
Weisser als das Helffenbein/
Rissen auch die Seit behende/
Schlugen Zähn vnd Tappen ein.
Zogen ihn durch Dörn vnd Hecken
Scharpff/ vnd spitz/ vnd abgelaubt/
Da die Zacken blieben stecken/
Vnd verwundten Stirn vnd Haupt.
7. Ach! ihre wilde Wölff vnd Bären/
Ach! ihr wilde Tiegerthier!
Er in Blut/ vnd ich in Zähren/
Sohn vnd Mutter waden schier:
Ach! was vieler angst vnd schmertzen/
Jhr dan brachtet meinem Kind!
O der stahl vnd eysen Hertzen!
Stahl vnd Eysen weicher sind.
8. Ach! nur schonet seiner Jahren/
Schonet seiner gelben Haar;
Nit so grausam thut verfahren/
Ach nit wütet also gar;
Nit ihr Bähren/ wolt vermehren
Sein/ vnd meine Marter groß/
Mich wolt lassen/ ihn vmbfassen/
Nehmen ihn in Mutter-schoß.
9. Ja mich reisset/ mich zerspreisset/
Mich mit Wunden füllet an;

Mich zernaget / mich zerplaget;
  Nur den jüngling lasset gan.
Mich mit zähnen thut zerdännen/
  Sparet meinen Knaben zart!
Mich mit klawen kombt zerhawen;
  Nur doch schönet jenerpart.
10. Ach! wie kontet ihr behalten
  Ein so schnödes wesen wild?
Da so frundlich von gestalten
  Ihr gesehn so schönes bild?
Ach! wie waret ihr geblieben
  Von naturen eben wild?
Noch den Knaben gunt zu lieben?
  Noch auch wurdet zahm vnd mild.
11. Warlich ihr von sinn entführet/
  Warlich waret ihr verblendt;
Da mit zähnen ihr berühret
  Seine seiten/ füß/ vnd händt.
Ach nur bettet ihr den Knaben
  Recht geschawt mit augen an/
Würdet seiner schönet haben/
  Ihn wol hertet bleiben lan.
12. O du bleicher todt im gleichen/
  Warest ohne zweiffel blindt.
Da du kamest zu beschleichen/
  Ein so wunder liebes Kindt.
Sonsten er mit süssen strolen/
  Vnd mit süssem augenblick/
Dir das hertz hett abgestolen/
  Hett verzehret deine strick.
13. Schöner Daphnis/ du mein eigen/
  Einigs blut vnd ingeweid:

Schaw

Schaw nun Erd/ vnd Himmel schweigen/
Hören an mein Hertzenleyd.
Dich zu Nachten/ dich zu Tage
Lauff ich klagen vberall:
Dich zu Nachten/ dich zu Tage
Klaget Schall vnd wiederschall.
Schöner Daphnis/ meine Schmertzen
Nit noch wären also groß/
Wan nur küssen/ hälsen/ hertzen/
Ich dich mögt in meinem Schoß:
wan bey deinen letzten Kräfften/
Ich gemögt an letzter Stund/
Dir die letzte Bäcklein hefften
An die süsse wangen rund.
15. Ach nur wäre mir erlaubet/
Zu gemelter herben Stundt/
Ich doch einen Kuß geraubet
Hätt von deinen Lefftzen mundt.
Ich zu mir hätt angezogen
Deinen letzten Athem lindt/
Ich in mich hätt eingesogen
Deinen letzten Seelen windt.
16. Ich dan mit hinzugenahtem
Gantzen Hertz vnd Seele mein/
Meinen frisch vnd newen Athem
Hätte dir geblasen ein.
Du den meinen/ ich den deinen/
Hätten wir gewechselt ab;
Wären beyde vngescheiden
Blieben bey dem Hirten-stab.
17. Ach du runder Mon/ vnd Sternen/
Runde Flämlein/ rundes Fewr/
Ach

Ach nun schawet her von fernen
Meine Schmertzen vngehewr.
Ich in Felden/ich in wälden/
Ruffe meinem zarten Kind.
Doch in Felden/noch in wälden/
Nirgent meinen Knaben find.

18. Ich in weinen/ich in Peinen
Schleiße Nacht vnd Tages-Zeit;
Doch an weinen/noch an peinen
Sich zerschleisset Noth/noch leydt.
Mich der Mone/mich die sternen
Mit Betrübnuß hören an:
Doch noch Mone/noch die sternen/
Noch mich jemand trösten kan.

Ecloga oder klägliches Hirten-gespräch/ darin zween Hirten/ Damon/vnd Halton den Todt Christi/ vnder der Person deß Hirten Daphnis/ weitlauffig betawren.

Eingang.

NEwlich auff die wiesen kamen
Damon/Halton/ Hirten beyd:
Reymten süßlich beyd zusamen/
Waren voller Trawrigkeit.
Damon auff der leyren leyret/
Vnd gar trawrig spielet vor/
Drauff dan Halton auch nit feyret/
Bließ auff einem holen Rohr.

Der Hirt Damon.

Schönes Fräwlein/stimm der wälden/
Wol beredte Nachtigal/
Nit von waffen/noch von Helden/

Singend/schleiffe deinen schall.
Nur von Daphnis wollest klingen;
Schaw? er ligt schon kalt im Grab:
Lasset vns den stein vmbringen/
Klagen dich/ O schönes Knab.

Halton.

Ja fahr hin in Lufft geschwinde/
Fahr in Lufft/ O Nachtigall:
Vnd in aller Welt verkünde
Daphnis liege bleich vnd fahl;
Ruff zum Grabe/ ruff zusammen/
Groß vnd kleines Feder vieh:
Was von Vögel wild vnd zahmen/
Sich der stimm gebrauchet je.

Damon.

Ja schon dorten kombt gefahren/
Dorten ein gemahlte Wolck/
Seynd in warheit Flügel-schaaren:
Wilkom schönes Feder-volck;
Eben ihr bey zeiten kummen/
Fliehet her zu diesem stein/
Euch zur Leich nun setzt herummen/
Trawret/ klaget in gemein.

Halton.

Nur der schönen Daphnis trawret/
Daphnis hie vergraben ligt:
Daphnis ligt in stein vermawret/
Daphnis nun mehr spielet nicht.
Eja lasset euch bedingen/
Groß vnd kleine Vögelein;
Eja thut von Hertzen klingen/
Lauter trübe Liedelein/

Damon.

Schaw/schon ihre Zungen wetzen
Groß vnd kleine Vögelein:
Schon zur Leich herumb sich setzen/
Legen ihre Flügel ein.
Sie den schönen Daphnis klagen/
Klagen ihn gar trawriglich:
Sie nun leidt von Hertzen tragen/
Weinen/seufftzen inniglich.

Der Halton.

Schaw die marmer weisse schwanen/
Schon auch schmeltzen ihren schnee:
Schmeltzen ihn in lauter Thranen/
Zeugen grosses Hertzen wee:
Schon sie fast in Zähren schwimmen/
Werdens nicht mehr machen lang/
Heben ihre letzte stimmen;
O wie reines trawr-gesang!

Damon.

Daphnis/O du Kron der Hirten!
Daphnis/du so schönes Blut!
Dich die beste sitten zierten/
Warest voller Tugent gut.
Ach wer brachte dich zum Grabe?
Wer so stahl-vnd eysen hart/
Jedoch dörffte brechen abe/
Solches Blümlein/solcher Art?

Halton.

Klaget ihn ihr Flüß vnd Brunnen/
Klaget ihn ihr Bächlein klar/
Klaget ihn bey Mon vnd Sonnen:
Heimlich vnd auch offenbar.

Klaget ihn/ ihr feld/ vnd wiesen/
Stein/ vnd felsen/ berg/ vnd thal/
So von hirten vnderwiesen
Fertig seydt zum wiederschall.

Der Damon.

Wer noch ihm wil nunmehr brauchen
Seine leyr / vnd dulcian/
Wer nach ihm so lieblich hauchen/
Vnd die pfeifflein blasen an?
Pfeifflein/ da noch seine bäcklein/
Rauch/ vnd athem kleben an?
Runder als die purper-schnäcklein.
Gnug sie niemand loben kan.

Der Halton.

Wer wird seine schäfflein weiden/
Wer sie führen auß vnd ein?
Wer von bintzen/ vnd von weyden
Flechten schöne korbelein?
Wer vns auch die krancken heylen/
Wer die völcker taub / vnd blind/
So von vielen land/ vnd meylen
Täglich zugeloffen sind?

Der Hirt Damon.

Ach ihr schäfflein/ ach ihr zahme/
Weiß/ vnd reine wüllen zunfft/
Wan zu felde Daphnis kame/
Wir vns frewten seiner kunfft/
Was dan wäre kranck/ vnd reudig/
Er dan heylet gleicher handt.
Da war alles frisch vnd frewdig/
Frisch war auch der Sonnen brandt.

Hal-

Halton.

Wan zu Felde Daphnis kame/
Wald/ vnd Herd in Frewden war.
Auch ihr alle schwach/ vnd lame/
Lieffet ihm entgegen dar.
Ach wie trawrig ihr nun klaget/
Suchet ihn mit Hertzen-leidt?
Kaum nun ihr die Kräuter naget/
Kaum euch schmäcket Graß/ vnd Weidt:

Damon.

Wan zu Felde Daphnis kame
Er gar lieblich spielet auff:
Er der Sonnen offt benahme
Ihren viel zu starcken lauff.
Er mit Harpffen/ er mit Leyren
Hielt die Sonn vnd Himmel an/
Lufft/ vnd Wetter thäten feyren/
Wind/ vnd Regen blieben stahn.

Halton.

Wan zu Felde Daphnis kame
Morgen zeitlich/ Abend späth/
Gleich mit seinem Blumen-krame
Sich das Erdreich zeigen thät:
Schöner wurden alle Weiden/
Süsser wurden Kraut vnd Graß/
Vnd auch weicher als die Seyden/
Wo nur Daphnis nider saß.

Damon.

Daphnis auff die beste wiesen
Führet seine Lämmerlein:
Dan zu jenen/ dan zu diesen
Lind her rauschten Wässerlein.

Er dan durch die Bächlein wadet/
Wusch die weisse Lämmerlein/
Er sie saubert/ Er sie badet/
Sambt den weissen Mütterlein.

Halcon.

Daphnis mercket nun ein eintzig
Schäfflein dorten irrend gahn/
Gleich verließ er neun-vnd neuntzig/
Nam sich nur deß einen an:
Trug es wieder zu der Herden/
Vnd für lauter Frewden sprang:
Ladet seine Mitgeferden/
Spielte/ daß es weit erklang.

Damon.

Schaw nun Lufft/ vnd wetter trawren/
Daphnis nu nit spielet mehr/
O der vielen Regen Schawren/
Schaw die Wolcken weinen sehr.
Ach die Sonn sich gar verbirget!
Lescht in Zähren alles Licht/
Weil den Daphnis sie nun nirget
Auff dem Feld/ vnd wiesen sicht.

Halcon.

Schaw die schöne Wiesen trawren/
Suchen ihren schönen Hirt;
Gras/ vnd Kräuter gar versawren/
Sawr vnd bitter alles wird.
Groß vnd kleines Vieh zusamen
Tranck/ noch Speise nehmen kan/
Die zur Weyden weinend kamen/
Kraut/ noch Brunnen rürtens an.

Der Hirt Damon.

Ach nur grauset / ach nur weidet/
 Jch sie dick vermahnen thu/
Nit so sauber euch bekleidet/
 Graset / weidet/ greiffet zu:
Sie doch je mit nichten weiden/
 Jch vergebens mahnen thu:
Sie sich dannoch gar beleiden/
 Noch kein Härlein greiffen zu.

Der Hirt Halton.

Meine Schäfflein/ meine Geissen
 Warlich seynd Betrübnuß voll:
Ligend ihre Zeit verschleissen/
 Lassen Darm / vnd Magen holl.
Jch zum weiden/ich zum grasen/
 Offtermahlen sie vemahn;
Doch die weid / vnd grüne wasen
 Bleiben vnberühret stahn.

Damon.

Schaw die grosse Flüß/ vnd Wässer/
 Schaw die kleinest äderlein/
Nun mehr weinend fliessen besser;
 Doch zun Klüfften lauffens ein.
Sie die schöne Sonn vermeiden/
 Hassen Liecht/ vnd hellen Tag/
Vnd bedeckt mit Dörn/vnd Weyden/
 Führen stätes leyd/vnd klag.

Halton.

Schaw die feist vnd grüne Blätter/
 Grüne Näst/vnd grüne Zweig/
Bey so trübem Todten=wetter/
 Schon auch werden welck/ vnd bleich.

Kla[redacted]
E[redacted]
So [redacted]
Fe[redacted]

[redacted]

Wer [redacted]
Se[redacted]
Wer n[redacted]
Vn[redacted]
Pfeiffl[redacted]
Rau[redacted]
Künder[redacted]
Gnu[redacted]

[redacted]

Wer wi[redacted]
Wer [redacted]
Wer vor[redacted]
Flech[redacted]
Wer vn[redacted]
Wer i[redacted]
So vom[redacted]
Tägl[redacted]

Ach ihr [redacted]
Weis[redacted]
Wan zu[redacted]
Wir [redacted]
Was da[redacted]
Er da[redacted]
Da war[redacted]
Frisch[redacted]

Der Hirt Halton.

Daphnis/ wan ich dein gedencke/
Deiner Qualen deiner Noth/
Ich mich matt zur Erden lencke/
Thränen werden meine Brot:
Mir die Thränen immer lauffen/
Werden meine Speiß vnd Tranck;
Mir in Thränen gar ersauffen
Manches Lied/ vnd trawr-gesang.

Der Hirt Damon.

Was nun wil man weiter klagen/
Halton/ liebster mit-gespan?
Ich die Geigen wil zerschlagen;
Schier ich nit mehr streichen kan.
Schaw der abend kombt mit hauffen/
Laß die Schäfflein kehren heim:
Laß auch deine Ried verschnauffen/
Laß verschnauffen meine Reym.

Der Hirt Halton.

Schaw/ nun eben mir zersplissen
Meine Pfeifflein meine Ried:
Wil sie nun mehr gar zerschmeissen;
Ach! ade betrübtes Lied.
Heim ihr meine weisse Kinder/
Heim ihr meine Lämmerlein/
Heim ihr Schäfflein/ trett geschwinder/
Schwartze stunden fallen ein.

Beschluß.

Also damahls traurig sangen
Damon/ Halton/ Hirten beyd!
Mon/ vnd Sternen kamen gangen/
War auch ihnen eben leid:

Grüner safft ist ihn entgangen/
Seynd wie truckner Erden-staub/
Kaum an Bäumen bebend hangen/
Bebend wie das Espen-laub.

Damon.

Sich die Blümlein nider-sencken/
Seynd so gar/vnd gar entferbt:
Todt zur Erden sie sich lencken/
Sie das wetter hat enterbt:
Sie das ihrig haben zahlet/
Da nun ligens vngezehlt/
Ach! wie stundens vor gemahlet?
Ach! wie ligens jetz verstelt?

Halton.

Auch schon sterben Feldt/und Wiesen/
Groß/vnd Kräuter ohne Zahl;
Schon von Bäumen kombt gerisen
Starcke meng der Blätter fahl.
Nackend schon in Lüfften schiffen
Manche Linden kahl/vnd bloß:
Blöße zeitlich hat begriffen
Eich-vnd Büchen Lauber-loß.

Der Damon.

Ach die Bäum sich weinend zeigen/
Weinend mancher stamm vnd nast;
Weinend sie sich nider neigen/
Nur mit lauter leyd belast.
Sie zu Thränen gar verkehren
Allen ihren grünen safft/
Drumb nur gumm/vnd gelbe Zähren
Aussen auff den Rinden hafft.

Der Hirt Halton.

Daphnis/ wann ich dein gedencke/
Deiner Qualen deiner Noth/
Ich mich matt zur Erden lencke/
Thränen werden meine Brot:
Mir die Thränen immer lauffen/
Werden meine Speiß vnd Tranck;
Mir in Thränen gar ersauffen
Manches Lied/ vnd trawr-gesang.

Der Hirt Damon.

Was nun wil man weiter klagen/
Halton/ liebster mit-gespan?
Ich die Geigen wil zerschlagen;
Schier ich nit mehr streichen kan.
Schaw der abend kombt mit hauffen/
Laß die Schäfflein kehren heim:
Laß auch deine Ried verschnauffen/
Laß verschnauffen meine Reym.

Der Hirt Halton.

Schaw/ nun eben mir zersplissen
Meine Pfeifflein meine Ried:
Wil sie nun mehr gar zerschmeissen;
Ach! ade betrübtes Lied.
Heim ihr meine weisse Kinder/
Heim ihr meine Lämmerlein/
Heim ihr Schäfflein/ trett geschwinder/
Schwartze stunden fallen ein.

Beschluß.

Also damahls traurig sangen
Damon/ Halton/ Hirten beyd!
Mon/ vnd Sternen kamen gangen/
War auch ihnen eben leid:

Weinet/ meine sternen weinet/
  Weinet/ sprach der falbe Mon/
Wer doch hett es je vermeinet/
  Daphnis můst zu grabe gohn!

Ein Christliche Seel redet von dem Creutz/ vnd Wunden Christi. Seynd Trochaische Vers/ wie oben.

1. MAnche stunden JEsu Wunden
  Ich mir setz ob augen mein.
Thu mich wenden zu den Händen
  Zu der Seit vnd Füssen sein.
O du bester/ Creutz balåster!
  Ich dan ruff in aller eyl.
O zur stunde mich verwunde/
  Schieß herab die Någel-keyl.

2. Mich gesunden ohne wunden/
  Laß mit nichten dannen gahn.
Recht nur zörne/ mir die Dörne
  Lantz/ vnd Någel werff hinan.
Mich nur quåle/ nit verfehle
  Meiner Hände/ Füß/ vnd Seit:
O mich kröne/ nit verschöne;
  Wil mit JEsu tragen leydt.

3. Keine beissel/ keine meissel/
  Keine stahl/ noch eysen spitz/
Meine Glieder/ hoch/ noch nider/
  Werden geben solche schlitz/
Als die Någel/ stumpffe Kågel/
  Lantzen/ Geissel/ scorpion/
Han zergerbet/ vnd zerkerbet
  Ihn/ den wahren Gottes Sohn.

Manche Stunden JESV wunden ich mir
Thu mich wenden zu den händen zu der
Seit ob augen mein. O du bester, Creutz balaster ich dir
Seit und
ruffen aller eyl. O zur Stunde mich verwunde schieß her-
rab die nägel Keyl.

4. Seine Qualen/ ich zumahlen
Fleissig hab in ståter hut:
O elende Füß / vnd Hånde/
Seit/ vnd Cörper voller Blut!
Reichlich schweissen/ scheinbar gleissen
Alle wunden/ alle streich.
Schaw/ nun fliesset/ vnd sich giesset
Purpur/ vber marmer bleich.
5. Auß der seiten/ lan sie leiten
Rothe stralen wie Corall;
Auß der seiten/ lan sie leiten
Weisse wåsser wie Crystall.
O du reines/ hüpsch/ vnd feines
Båchlein von Corall/ vnd Glaß/
Nit noch weiche/ nit entschleiche/
O Rubin/ vnd Perlen gaß.
6. Ach verweile/ nit noch eyle/
Wil nun hie mich setzen bey;
Wil da baden meinen schaden
Ob er schon veraltet sey/
Kråfftigs Plaster meinem Laster/
Wil dich dorten salben drauß/
Wil dan gründen tieff zun sünden/
Sie von ihnen waschen auß.
7. Bey den Füssen wil ich büssen/
Vnd auß meinen Augen beyd
Wolt sie netzen/ vnd ersetzen
Was von Blut heraußer geit.
Wil mit Zähren wiederkehren/
Gleich als viel entfliessen wird/
Vnd mit sattem Guß erstatten/
Was von purpur da vergirt.

8. Doch ihr Brunnen/ wol berunnen/
Schon beschenckt ist Erd vnd Graß:
Ach verschnauffet/ nit so lauffet/
Nit so giret ohne maß.
Schön an laugen meiner augen/
Schon an Zähren mirs gebrist;
Thut euch stillen wer kan füllen/
Was bereits verflossen ist?
9. Zu den Händen/ wil ich senden
Hundert tausend Seufftzer lind/
Sie durch wülen/ vnd erkühlen
Mit so lindem Hertzen wind.
Mit so linden Hertzen-winden
Wil ich trücknen allen schweiß/
Alle wasen wil durchblasen/
Kühlen alle Wunden heiß:
10. Doch zur stunden auch lig vnden/
Ich zu wenig seufftzer find;
Bin von Wunden vberwunden/
Mir gebrichts an Hertzen-wind.
Häuffig winden macht mich schwinden/
Kaum ich mehr den Athem hab/
Seufftzen/ weinen/ O der Peinen!
Mich noch bringen gar ins Grab.
11. In der Kronen dacht zu wohnen
Mein so gar betrangtes Hertz;
Dort in Hecken/ sich verstecken/
Sich bezäunen allerwerts:
In den spitzen Dörnen sitzen
Schon es auch ein zeitlang blieb/
Thät sich freyen vor den weysen/
Von den schnöden Seelen dieb.

12. Doch nun wider bald hernider
Zu der holen seit begerts/
Wil sich setzen/ vnd ergetzen/
Jesu/ neben deinem Hertz.
Es nun dorten/ jene Pforten/
Jene rothe seiten=thür/
Wil verwahren/ sich nit spahren/
Da die Schiltwacht halten für.
13. O du runde seyten wunde!
Reich vnd edler Hertzen=kast!
Bey dir sterben/ vnd erwerben
Hofft/ es were fried/ vnd rast.
Da laß walten/ vnd laß schalten:
Da nun laß es haben platz:
Laß es wachen/ vnd auch machen
Da sein Bethlein/ vnd Matratz.
14. Bey der seiten/ seine Zeiten
Wird es wachen ohn verdruß:
Bey der seiten/ seine Zeiten/
Auch es wider schlaffen muß.
Bey der seiten/ seine Zeiten
Singen/ vnd es klingen will:
Bey der seiten/ seine Zeiten
Es auch wider schweigen still.
15. Drumb auß Liebe/ nun ich gibe/
Jesu/ dir es eygen gantz.
Jhm wil schaffen/ deine waffen/
Deine Nägel/ deine Lantz.
Darmit streiten vor der seiten
Wird es gen die Laster seyn.
Biß mans leite von der seite
Zu den Außerwöhlten dein.

Ecloga / oder Hirten-Gespräch von Christo dem Gecreutzigten / under der Person deß Hirten Daphnis / und bey gleichnuß eines jungen Wildts.

Eingang.

PFerdt / und Wagen / new beschlagen
Als die Sonn heut spannet an /
Und mit Rossen unverdrossen
Reyset ihr Crystallen Baan;
Ich spatzieren gieng nach Thieren
Dort in jenem grünen Waldt /
Trug den Bogen auffgezogen /
Schoß ein Reehlein wohlgestalt.

2. Griff zum Degen wolt's entlegen /
Hiengs an einen Eychen-Baum /
Gleich zur stunden / von der Wunden /
Rann herab der Purpur-schaum.
Bald Palæmon, und Phidæmon,
Meine beyde mit-gespan /
Kamen gangen / schawtens hangen:
Sich bey seiten stelten dran.

3. O Palæmon, O Phidæmon,
Dieses hinnlein dessen sey /
Wer mit Geigen / sich wird zeigen /
Und am besten streichen frey.
Drum die Geigen thut besteigen /
Greiffet ihr den gelben kam /
Und mit Bogen glatt bezogen
Prest herauß den Honig-sam.

4. Gleich ohn wancken / sie zum schrancken
Tretten mühtig auff die Bann /

Sich

Sich bewerben/ redlich kerben/
Vnd die seiten schneiden an.
Ey laßt hören keins verstören;
Erstens der Palæmon geigt;
Bald imgleichen nach dem zeichen
Auch darauff Phidæmon streicht.

Der Hirt Palæmon.

Schöner possen! wer hat schossen/
Dieses Reeh mit frechem muth?
Wer möcht streben nach dem Leben/
Einem also jungen blut/
Ach wer Bogen dorfft es wogen?
Welcher Pfeil war also grauß/
Der so kleines/ vnd so reines
Thierlein dörffte trincken auß?

Der Hirt Phidæmon.

O was beute? wer hat heute/
Wer hat also frech/ vnd stoltz/
Die beschlossen senn entlossen
Vnd entricht so scharpffen Boltz?
Ach die senne gleich zertrenne/
Gleich den Bogen werff zu fewr/
Pfeil/ vnd Kocher werff hernocher/
O du Wildt-schütz vngehewr!

Palæmon

Armes kitzlein! frommes hitzlein!
Mir nun Daphnis kombt in sinn/
O wie newlich also grewlich
Daphnis ist gerichtet hin!
Ihn betrawren/ ihn betawren
Mich ermahnet deine Wund:
Wers betrachtet/ wers erachtet/

Fallen ihm die thränen rund.

Phidæmon.

An dir scheinen Daphnis peinen /
O du schwach vnd krancks Reeh.
Ich nun dencke seiner kränckde /
Weil ich dich verwundet seh.
O wie newlich gar abschewlich
Daphnis ist gehencket auff?
Sehr michs rühret / vnd entschnüret /
Schier in zähren ich ersauff.

Palæmon.

Du nun hangest vnd erhangest
Frommes thierlein ohn betrug?
Zagest / bebest / kaum noch lebest /
Rückest zu dem letzten zug.
Kaum dich regest / nàwlich wegest:
O der wunden / pein / vnd schmertz!
Zwar von heissem purpur-schweissen /
Möchten schmeltzen stein / vnd Ertz.

Phidæmon.

Gleiche nöthen dich auch tödten.
Daphnis / o getrewer Hirt /
Kaum dich hebest / kaum noch lebest /
O mit wunden wolgeziert!
Schaw die schmertzen meines hertzen /
Qual / vnd marter mich vmbringt /
Wird es wehren / sag mit zähren /
Mir das Hertz in stück zerspringt.

Palæmon.

Schönes Böcklein / rothes röcklein /
Roth bist du von lauterm schweiß /
Roth getrâncket / wol beschencket.

Seynd auch deine Zähnlein weiß.
Auch die Näßle/Rinn vnd Bäßle
Deiner Eichen seynd erröth;
Rothe Regen thut euch legen/
Sonsten ihr das Thierlein tödt.

Phidæmon.

Auch thut bluden Daphnis Ruten/
Dran man ihn hat auffgehenckt/
Creutz vnd Nägel/stumpffe Kägel
Seynd mit Tropffen wol besprengt.
O was Regen aller wegen!
O was rothe Wunden Güß!
Daphnis eben ist vmbgeben
Nur mit lauterm purpur-Fluß.

Palæmon.

Halbes Hirschlein/rothes Kirschlein
Bist nun in/vnd aussen roth;
Doch dich weisset/vnd jetzt beisset
Auch zugleich der falbe Todt.
Franckes Hinnlein/dir das Kinnlein/
Mund vnd Lefftzen werden bleich/
O nun stirbest/nun verdirbest/
O du schon so fahle Leich!

Phidæmon.

Auch thut sterben/sich entferben
Daphnis dort an seinem Baum:
Thut erbleichen/Todts verweichen/
O was matt-vnd falbe Pflaum!
Schon verblichen/schon entwichen/
Schon ist vnser Daphnis hin:
O der kalten vnd zerspalten
Augen/Lefftzen/Mundt/vnd Kinn!

Palæmon.

Kombt nun zogen / kombt geflogen/
Kombt nun her ihr Vögelein:
Feder-scharen kombt gefahren/
All so nur im Walde sein.
Thut euch setzen/ trawrig schwetzen/
Thut nun klagen all zugleich:
Trawrig klingen/ vnd besingen
Ihr nun sollet vnser Leich.

Phidæmon.

Her imgleichen / her zur Leichen/
Menschen Seelen allerhandt.
Kombt zusammen her zum stammen
Dran man Daphnis auffgespannt.
Da dan klaget/ heulet/ zaget/
Weinet starck ohn vnderlaß/
Bleibet immer/ scheidet nimmer/
All weg schleisset diese Straß.

Palæmon.

Her schon fliegen vnverschwiegen
Fromme Vöglein auß dem wald:
Lan sich dingen zum besingen,
Singen / daß es kläglich schallt.
Ich für Peinen auch muß weinen/
Zartes Hünnlein/ sehr ich wein/
Also säwrlich/ also däurlich
Mustest du besungen seyn.

Phidæmon.

Auch der Frommen etlich kommen/
Man vnd Weib zu Daphnis Creutz/
Ihn bescheinen/ süßlich weinen/
Niemand frage/ was bedeuts?

Sie den Knaben/wan begraben/
Trucknen ab das wunden Blut/
Heben/legen/waschen/ pflegen/
Salben ihn bey warmer Glut.

Palæmon.

Mich gewahnen thut mit Thränen
Dieses wild/ an Daphnis Todt;
Wil nun dessen / nie vergessen;
Soll nun seyn mein täglichs Brodt.
Ich nun seinen Todt beweinen
Wil mit dir Phidæmon gleich/
Schwartz bekleiden laßt vns beyden
Vnser viel zur gelben Geig.

Phidæmon

Schwartz bekleiden laßt auch beyden
Vnser Harpffen/ Zinck / vnd Ried/
Laßt zu mehren Daphnis Ehren
Spielen manches trawrig Lied.
Laßt erholen offtermohlen/
Leider! so betrübten Schall/
Vnd mit machten tieff erachten
Seine Marter/ Pein/ vnd Qual.

Beschluß.

Also streichen/vnd nit weichen
Beyde Geiger in die wett:
Ich mit nichten könt entrichten/
Wer es recht gewunnen hett.
Drumb zur Gabe nun doch habe/
Sprach ich dieser / dieses Reeh:
Vnd zur Gabe jener habe/
Was dort weidet in dem Klee.
2. Ist ein Lämmlein mühtigs Hämmlein/

 Zart/

Zart/vnd reines wüllen-Kind:
Glaub/euch beyde recht entscheide:
Glaub/ ihr beyd zu frieden synd.
Nun biß morgen/weil verborgen
Sich die Sonn zu Wasser helt/
Euch zur Heide dan bescheide/
Wider euch dan vnderstellt.

Ecloga/oder Hirten-Gespräch / darin die zween Hirten Damon vnd Halton / je einer nach dem andern / mit vnderschiedlichen Gleichnüssen vnd Concepten / allweg den gecreutzigten / vnd auffersteh̄enden JESVM/ vnder der Person deß Hirten Daphnis/ Poetisch bereymen.

Der Hirt Halton hebet an.

SChöner Damon/Zung der Hirten/
Der auff deinem holen Halm/
Wan wir vnser Herden schmierten/
Hast erpfiffen manchen Palm:
Vns in Reymen lasset zwingen
Daphnis Wunden rosen-roth/
Laßt im holen Thal erklingen
Seine Marter/seinen Todt.

Damon.

Frommer Halton hoch gepriesen/
Der zum ersten Sommer-Glantz/
Hast ergeiget auff der Wiesen
Manchen schmucken lorber-Krantz/
Lasset jenes Creutz vmbringen/
Ehren/den die Welt verspott;

XXIII.

Schöner Damon Zung der hirten der auff
Wan wir unser herder somirten hast er-
denem holen halm
pfiffen manchen palm
Uns in reijmen lasset zwingen
Daphnis Wunden rosenroth, last im holenthaler klinge
seine marter seinen todt.

laßt von gantzem Hertzen klingen
Daphnis aller Hirten Gott.

Halton.

Weil ein schäfflein unbeschoren /
Außer der gemeinen zucht /
In der wüsten gieng verlohren /
Es der Daphnis widersucht.
Er im Felde mir begegnet /
Trug es auff der schulter sein:
War in warheit starck beregnet /
Voller frewden / voller pein.

Damon.

Daphnis war gar müd geloffen /
Auch er mir entgegen kam;
War im regen schier ersoffen /
leint an einem eichen-stamm.
Er das thierlein je noch truge /
Seufftzet manchen seufftzer tieff;
Er gen Himmel d' Augen schluge /
Ach mir helffet / helffet / rieff.

Halton.

Als ich newlich auff der reysen /
Ware worden müd und matt /
Mich der Daphnis thäte speysen /
Und von früchten machen satt.
Stieg auff einen grünen palmen /
Warff der schönen früchten ab /
Sang zu gleich wol sieben psalmen /
Ich mit lüsten gessen hab.

Damon.

Als ich newlich auff der reysen
Wolt zum wein-hauß kehren ein /

Thät

Thät man mich zur Herberg weisen/
Hieß zum rothen Lämmelein/
Auff dem schilde stund gemahlet
Daphnis in der Kelter sein.
Jeder dort zu trincken hohlet/
O was roth- vnd guter Wein!

Halton.

Wan der sommer wider-kehret
Vnd klopfft an zur grünen Thür/
Er mit Blumen sich vermehret/
Rothe Rosen gahn herfür:
Fünff der besten schon bey zeiten
Daphnis hat gebrochen ab/
Thut ein schmücklein drauß bereiten/
Welches vns in schwachheit lab.

Damon.

Daphnis deine rothe Rosen
Werff von deinem Creutz herab:
Wan die welt mir lieb-wil kosen
Darff ich solcher Blumen gab.
Daphnis deine rothe Rosen/
Dein so schöner Blumen-strauß
Alle krafft vnd leben-losen
Hilfft auß aller schwachheit auß.

Halton.

Wie der sommer sich bestecket
Mit auch kleinen Blümelein/
Also Daphnis sich bedecket
Mit auch kleinen Röselein.
Von der Scheidel zu den Füssen
Sie dan stehen voller Blut;

Rings herumb den lufft versüssen/
Mit Geruch/ vnd Athem gut.

Der Damon.

Hin vnd wider auff den wiesen
Alles voller Dörnen war:
Schäfflein/ so nit vnderwiesen
Sich verletzten immerdar:
Daphnis liesse sichs erbarmen/
Macht ein grosse Bürden drauß:
Jhn die Liebe gunt erwarmen
Trugs auff seinem Haupt herauß.

Der Halton.

Sich die Dörner han gerochen/
Haben ihn verwundet gantz:
Doch die Rosen er hat brochen/
Drauß gemacht ein Ehren-krantz.
Schaw nun / er gar zierlich pranget
Mit gedörnter Blumen-kron:
Her/ ihr Hirten ihn empfanget/
Setzet ihn auff hohen Thron.

Der Hirt Damon.

Newlich ab der heissen Sonnen/
Jch den stralen weichen must:
Gleich mich Daphnis führt zum Bronnen/
War mir sonsten vnbewust.
Er auff einem Berge spritzet/
Hieß mit Nahmen Golgotha:
Weil ich ware gar erhitzet/
Jch mich thät erkühlen da.

Der Hirt Halton.

Auch ich gar erschwachet ware/
Lag an starckem Fieber kranck:

Ichs dem Daphnis offenbahre/
  Der mir mischet einen Tranck:
Kaum ich den hett angesetzet/
  Kaum gebracht an meinen Mundt/
Bin in aller eyl ergetzet/
  Ja bin worden gantz gesund.

Damon.

Ach nun höret/ laßt euch sagen/
  Seht euch für / ihr Wanders-leuth:
Noch für etlich wenig Tagen
  Räuber machten starcke Beuth.
Daphnis reiset auch der Orthen/
  Gleich die lose Räuber-schaar
Ihn beraubten/vnd ermordten/
  Schlugen ihn an Galgen dar.

Halton.

Wan wir vnser Herden scheren/
  Vnd entheben ihre Woll/
Sie mit nichten klagen/plären/
  Bleiben ohn gemürr/ vnd groll:
Also Daphnis ward beraubet
  Seiner Kleyder ohne sprach:
Keinem wörtlein Er erlaubet/
  Dachte keiner heissen Raach.

Damon.

Wan der vnbenante Fresser/
  Wan der Metzger vngeschlacht/
Der mit Zähnen/ der mit Messer
  Mir die Schäfflein wund gemacht/
Sie dan gar gedültig liegen;
  Still vertüschens ihre Pein:

Also Daphnis auch verschwiegen/
Litt den Todt vnd marter sein.

Halton.

Wie die breit gestreckte Falcken/
Hoch in weichem wolcken land/
Also stund an seinem Balcken
Daphnis weidlich außgespannt/
Er mit beyden Füß- vnd Armen
Stund gestreckt in grosser Noth/
Ach wen wolte nicht erbarmen/
Daphnis/ dein gespannter Todt!

Damon.

Da die purpur-Morgenstunde/
Morgen röhte wolbekennt/
Heut auß ihrem Beth erstunde/
Drauff sich Tag vnd Nacht getrennt/
Sie noch brauchet nit bey weiten
Ein so rothes Rosenkleid/
Als man thäte roth bereiten/
Daphnis/ deine bleiche Seit.

Halton.

Auff ihr Hirten/ thut errathen/
Wer im Lufft genäglet auff/
(O der viel zu frembden thaten)
Doch im tieffen Meer ersauff?
Daphnis voller purpur farbe/
Voller wunden/ voll geschwär/
Hoch zu gleich am galgen starbe/
Starb zu gleich im rothen Meer.

Der Damon.

Auff ihr Hirten/ mir auch saget/
Wer ertrinckt im vollen Meer:

Vnd

Vnd doch seinen durst beklaget/
Vnd der feuchte mehr begehr/
Daphnis in den grösten Peinen
Doch noch wolte leiden mehr;
Rieff mit seufftzen vnd mit weinen/
Ach mich dürstet/ dürstet sehr!

Halton.

Lieber Damon/ wil noch fragen
Wil dan geben auch bescheidt:
Wer thut seine Pein beklagen/
Vnd jedoch begierlich leidt?
Daphnis muß für vns bezahlen/
Beisset einen sauren Kern:
Vnd doch alle Pein/ vnd Qualen
Er von Hertzen leidet gern.

Damon.

Lieber Halton/ dieser Tagen
Sich begab ein wunder that:
Will hinfürter nie verzagen/
Hör dan/ was es geben hat:
Mir von einem falben Drachen
Ward getödt ein Lämlein zart;
Bald es wider gunt zu lachen/
Weil es wider lebend ward.

Halton.

Lieber Damon wer wil glauben/
Was der Tagen auch geschehn?
Einen schönen rothen Trauben
Ich mit augen hab gesehn;
Ware nun mehr außgepresset/
Von bedingtem Kelter-man:

Er doch wider vnder dessel
Lieblich fieng zu blühen an.

Damon.

Lieber Halton ich von einem
Thewren Vogel hab gehört/
Er an Farben weichet keinem/
So man mich nit hat bethört;
Wan schon er in liechter Flammen
Sich zu lauter Pulver brent/
Er jedoch auß liechter Flammen
Wider zu dem Leben wendt.

Halton.

Schöner Damon/ deine Reymen
Mir erfrischen Muth/ vnd Blut;
Wil die geigen süßlich reymen/
Vnd noch spielen eben gut.
Wil nit weichen deiner Pfeiffen/
Deinem wol gestimten Ried;
Wil noch manche seiten greiffen/
Eh man dir das Kräntzlein biet.

Damon.

Frommer Halton/ deine Geigen
Meinem Röhrlein weichet nicht;
Wollest keinen eyffer zeigen/
Wir vns gleichen im gedicht.
Keiner keinen soll beneyden/
Beyden gleiches Lob gebührt;
Gleiches Kräntzlein allen beyden
Auch soll werden eingeschnürt.

Ecloga oder Hirten-gespräch vber das Creutz/ vnd Aufferstehung Christi/ darin/ was der ein Hirt Damon genant/ von seinem vorhaben vorspielet/ der ander Halton genant/ allweg nachspielend auff das Geistlich deutet vnd ziehet.

Eingang.

HEut ein Bächlein wol beschwetzet
Nahm die flucht auß grünem Wald:
An den Steinlein sich verletzet/
Hett mit ihnen starcken spalt:
Dan weils ihm nit wolten weichen
Auß so lützel feuchter straß/
Zörnig thät es neben streichen/
Murret strack ohn vnderlaß.

2. Als nun dorten mich ergetzet/
Tratt hinan ein junger Hirt;
Sich zum Bächlein nidersetzet/
Damon er genennet wird/
Bald sich auch hinzu gesellet/
Lycas, Halton, Marsilas:
Da war Geig/ vnd Leyr gestellet/
Lächlen gunden Laub/ vnd Graß.

Damon/ Halton/ jüngling beyde
Sungen/ klungen in die wett.
Weit mans höret auff der Heyde/
Ach wers recht beschrieben hett!
Stumm die schöne Vöglein sassen/
Saß auch stumm die Nachtigal:
Sie schier aller Kunst vergassen/
Da gab Damon solchen schall.

Der Hirt Damon spielet vor.

WAn von heisser Sonn verwüstet/
Kält / vnd winter ligen todt/
Man den Sommer wider grüsset/
Wider bricht man Rosen roth.
Thal/ vnd Felder schön verblümet/
Grün sich wider legen an:
Weil ichs meinen Schäfflein rühmet/
Woltens wider weiden gahn.

Der Hirt Hälton folget nach.

WAn die Sünder zeitlich büssen/
vnd mit ihrem Hertzen-eyß
Sie sich neben Jesu Füssen/
legen zu den Wunden heiß:
Werdens wider bald entzündet/
Wider leuchtet Sommer-schein/
Heyl vns wider wird verkündet/
Straff sich wider zäumet ein.

Damon.

Wan die Vöglein vmb/ vnd vmmen
Hoch in weitem Wolcken feldt/
Hin vnd her sich müd geschwummen/
Suchens wider grüne Wäldt.
Rasten auff den äst/ vnd Zweigen/
Schöpffen wider Athem gut/
Trutz auch allen Pfeiff/ vnd Geigen
Machens einen frischen Muth.

Halton.

Wan die Seel sich müd geflogen/
Auff/ vnd ab in eytler Welt/

Endlich kombt sie wider zohen/
Vnd sich zu dem Creutz gesellt.
Jesu/ Jesu rufft vnd weinet/
Nider zu der Erden felt/
Vnd an Wunden Jesu leinet/
Biß das Hertz in ruh gestellt.

Damon.

Weil dan jene Vöglein singen/
Will die Schäfflein führen dar/
Auff: laßt euch zu weiden bringen:
Auff/ du marmer-weisse schaar.
O wie frewdigs Feldt/ vnd Wiesen!
O wie zartes Laub/ vnd Graß!
Wer wil schöners Leben kiesen?
Weißlich ich der stät vergaß.

Halton.

Weil am Creutz ich frieden finde/
Zwar mit nichten mich versaum:
Mich mit beyden Armen binde
Manche stund an diesen Baum.
Sieben Liedlein hör ich klingen/
Klingen süßlich vberall/
Niemand wird mich dannen bringen/
Mir ist wohl bey solchem schall.

Damon.

Schon ich längst in grossen Stätten
War der Stein vnd Gassen müd.
Lieff zum grünen/ thät mich retten/
Da man liebe Schäfflein hüt.
O du reines Hirten-leben!
Wer wil gnugsam loben dich!

Wil dich allweg hoch erheben/
Wirst ja nie verlasen mich.

Halton.

Lang ich lieff auff deinen gassen/
O du schnöde Babylon!
Hab doch endtlich dich verlassen/
Nahm die flucht vnd sprang darvon.
Gleich zum Creutz mich thät begeben/
Dorten ich die wunden küß/
Wil nu nirget lieber leben!
Trinck nur lauter frewden fluß.

Damon.

Wan die weisse schäfflein weyden/
Ich mich leg an jener Eych:
Wan die schöne Sonn will scheiden/
Süß ich ihr die geigen streich:
O du schöne/ laß dir sagen/
Schöne bildtnuß bleibe noch:
Schöner fuhrman halt den wagen/
laß die Roß verschnauffen doch.

Halton.

Wan auch ich die sünd will meiden/
Zu dem Creutz mich setzen thu:
Ruff/ o Jesu wolst nit scheiden/
O/ nit thu dein äuglein zu:
O nit weiche/ nit verfahre/
O nit wöllest vndergahn;
Vns noch deine stralen spahre/
Bleib zu deiner frist doch stahn.

Damon.

Wan die Sonn hinunder schwebet/
Vnd verachtet meine reym.

Ihr der Wiesen euch begebet/
Ihr dan/ Schäfflein/ dencket heim.
Schöne Sonn/ ade du schone;
Ich die Schäfflein führ nach Hauß/
Nur vns morgen wider frohne;
Wil dan wider treiben auß.

Halton.

JEsu wahres Liecht vnd Fackel/
Als verlohrest deinen Schein/
Wer mögt dulden solch Spectackel?
Wer nach Hauß nit kehret ein?
Wan du nun auch ab wilt scheiden/
Sehr ist vnsern Hertzen weh;
Doch verkürtz vns vnser Leiden/
Daß man dich bald wider seh.

Damon.

Wan die feuchte Felsen weinen
Neben meiner weissen Schaar/
Vnd von etwan holen Steinen
Stürtzen ihre Wässer klar;
Gleich sich meine Schäfflein kühlen/
So mit warmer Hitz behafft:
Sie den Durst von Hertzen spülen/
Mit so frischem Felsen Safft.

Halton.

Als mit einem Speer durchschossen
JEsu deine Seiten rund/
Vns ein Bächlein kam geflossen/
Drinn man Milch vnd Purpur fund:
Ich mit gleichem Eyffer lauffe/
Zu dem Brunnen wol bewust;
Da mich spüle/ wasch/ vnd tauffe/

Trinck nach viel gewünschtem Lust.

Damon.

Wan die Sonn sich gar geneiget/
Vnd gesencket ihre Cron/
Gleich die Nacht in Himmel steiget/
Arbeit heischet ihren Lohn:
Thier vnd Menschen gehn sich legen/
Gantz erstummet alle Welt:
Auch sich kaum die Blätlein wegen/
Trawrig feyret alles Feldt.

Halton.

Da du JEsu Todts verblichen/
Vns die Todten han erschröckt
Felsen von den Felsen wichen/
Gräber wurden auffgedeckt.
Thier vnd Menschen thät es dauren/
Auch verwelcket Laub vnd Graß:
Alle Wässer nur von trawren/
Han geweint ohn Vnderlaß.

Damon.

Monn vnd Sternen abends wachen/
Legen ihre Sonn zu Beth:
Sie sie sanffter schlaffen machen/
Mit gelind-vnd süsser Red:
Schlaffet/eja matte Strolen/
Schlaff du matt-vnd müdes Liecht/
Thu mit schlaffen dich erholen/
Biß den Schlaff der morgen bricht.

Halton.

Esu/dich auch fromme Seelen
(Wie dan mehrmahls höret hab.)
Täten waschen/sälben/streelen/

Heben/ tragen zu dem grab:
Auch die Mutter trawrig klagte/
  Schlaff nur mein geliebtes Kind/
Vnd bey nebens mühtig sagte/
  Doch den todt bald vberwind.

Damon.

Wan die Sonn dan auß geschlaffen/
  Richtet sie sich zeitlich auff/
Schärpffet ihre pfeil/ vnd waffen/
  Geht zum wagen/ sitzet drauff/
Ich dan wieder treib zur heiden
  Meine weisse wüllen herd;
Sie dan wider grasen/ weiden/
  Scheren was das Aug begehrt.

Halton.

Als/ o Jesu/ du gelegen/
  Kurtze zeit in kalter Erd/
Sich dein seel thät wider wegen
  Denckend seiner weissen herd.
Sie der höllen pforten rühret/
  Hielt weit offen scheur vnd stall/
Seine schäfflein dannen führet/
  Triumphierend vberall.

Damon.

Ich dan ohne leyd/ vnd klagen/
  Blaß die pfeifflein honig süß!
Vnd gewend zum Sonnen wagen/
  Sie mit krausen läfftlein grüß:
Ey zu vielmahl tausent mahlen/
  Sey mir wilkom liebe Sonn:
Heut ergreiff die längste stralen/
  Nu zu schnell dich mach darvon.

Halton.

Ich mich einer holen rinde
Mich zu Jesu wende schnell/
Füll mit eben süssem winde /
Dieses pfeifflein eben hell.
O wie willkom bist erstanden/
Jesu/zu gewünschter zeit!
Du die schnöde todtes banden /
Hast verwendt in herrlichkeit.

Damon.

O du meine gülden Geigen/
Mehr vnd mehr heb auff den klang:
Mir nun waldt/vnd Vögel schweigen/
Bächlein zucken ihren gang.
Sage lob der schönen Sonnen/
Sage danck dem runden schein.
Braune stunden seind entronnen/
Eja lasset frölich sein.

Halton.

O du meine Leyr imgleichen/
Auch du deinen thon erheb:
Thut man dan die seyten streichen/
Du nach selben Ehren streb.
Preise den/der heut erstanden/
Warlich wahren Gottes sohn:
Preiset ihn in allen landen/
Ihm gebühret Ehr vnd Cron.

Beschluss.

Also thäten lieblich singen.
Hoch benante jüngling beyd:
Auch noch immer weiter giengen/
Da zerrann die schnelle zeit.

Ich dan heimwarts muste kehren;
Sang es wieder mit vernunfft.
Schreib/vnd hielt es auff zun ehren
Der geliebten Hirten-zunfft.
2. Nun wohl auff ihr andre Hirten/
Brecht vnd schnüret Kräuter ein/
Lorbern/Balsam/Palm/vnd Myrten/
Majoran/vnd Rosmarein:
Vnd weil beyde gleich gerungen/
Flecktet beyden gleiche Crántz:
Vnd weil beyde gleich gesungen
Führet beyd an gleiche Täntz.

Andere Ecloga darin der hirt Damon/ die schöne Osterliche Sommerzeit/ vnd die Vrständ Christi/hat Poetisch bereymet.

Eingang

NAch den schönen Ostertagen/
Hirten zween in aller früh
Kamen auff die weyden schlagen
Ihre Schäfflein/ihre Küh:
Damon, Halton, war ihr name/
Frisch/vnd grün von Jahren beyd;
Damon seine fidel nahme/
Strich mit wunder liebligkeit.

Der Hirt Damon spielet allein.

Schaw die schöne Sonn sich strolet/
Krauset ihre gülden Haar;
Sie die Kräfften gantz erholet/
Schmidet gar ein schönes Jahr:
Sie die zeiten thut bereiten/

Nach der schönen Oster dagen hir ten zwosen in
Kamon auff die weijden schlugen ihre schäfflein
al ler früh
ih re Küh
Damon Hal ton war ihr nahme frisch und grün
von ihren beid Damon seine fidel name striech mit
wunder lieb- ligkeit.

Nur von Perlen/vnd Crystall;
Sie da lauffet/nie verschnauffet
Webet/schwebet/vberall.
2. Sich die schöne Vöglein rüsten/
Scharffen jhre schnäbelein/
Sie sich lan der stimm gelüsten/
Blasen jhre Pfeiffelein/
Sie sich hoch in Wolcken heben/
Spreiten jhre Flügel franck/
Sie den reinen lufft durch-weben/
Sagen jhrem schöpffer danck.
3. Wider wir die Felder weissen
Mit gebleichten herden zart/
Wir mit schaffen/wir mit Geissen/
Gehn zur grünen sommer fahrt.
Ich/vnd Halton gleich von Jahren/
Auch zu morgens gleichen früh/
Treiben keine gleichen schaaren;
Ich die schäfflein/er die Küh.
4 Sich die Felder wider zieren/
Thun die grüne läden auff;
Tausend Blümlein da stoltziren;
O wie wohl gemahlter hauff!
Schaaff/vnd Rinder nun verschnauffen/
Auff den Wiesen wohl gerüst/
Da der schöne säugend-hauffen/
Ründet seine flache Brüst
5. Ich nun wieder schaw vor Augen
Tausent weisser lämmerlein:
Halton wieder lasset saugen
Tausent bunte Kälberlein.
O wie wunder schöne Zeiten!

 O wie

O wie wunder feistes jahr.
Sieben troppen laß ich leiten/
Also groß ist meine schaar.
6. Wider schöne wasser-stralen/
Wider kühle wasser-pfeil;
Sich versamblen in den thalen/
Bieten ihre bäder feil/
Brünnlein von den bergen spielen/
Starck mit rothem Ertz vergüldt/
So die Carwoch trawrig fielen/
Starck mit zähren angefült.
7. Lieblich alle bäch/ vnd bächlein/
(Krum geführtes wasser-glaß.)
Auff den grünen wiesen lächlen/
Vnd befeuchten laub/ vnd graß.
Zierlich wider kombt gekrochen
Manches rauschend wässerlein/
So mit steinlein vnderbrochen;
Sausend lobt den schöpffer sein.
8. Schaw nun wider tann- vnd linden/
Eich/ vnd stoltzer Cederbaum/
Ihre weg in lüfften finden/
Wachsen ohne schnur/ vnd zaum;
Strecken ihre grüne sprossen/
Breiten ihren grünen safft/
Zu den wolcken frewdig stossen/
Suchen hohe nachbarschafft.
9 Wir die leyr auch wider schnüren/
Vnd in holem hirten Thal
Hoch gereckte seiten rühren/
Spielen/ reymen ohne zahl.
Wir auff harpff- vnd lauten tasten/

Spielen jenem lieben Christ.
Der im grab nit wolte rasten/
Der dem todt entfahren ist:
10. Schawet/ lieben Hirten/ schawet/
Er der höllen pforten bricht.
Was der bleiche todt gebawet/
Er in eiffer macht zu nicht.
Schawet/ liebe hirten schawet/
Zeitlich für der morgen-röht/
Er von wöffen vnbenawet/
Schröcket seine wächter blöd.
11. Er auß tieffem schlaff erwecket/
Lasset seine Ligerstatt/
Vnd mit armen außgestrecket.
Richt in lüfften seinen pfad.
Flamm/ noch fackel thut erklecken/
Gegen seinen hellen schein;
Sich die sternen gleich bedecken/
Zucken ihre stralen ein:
12 Er hinauff zur Sonnen schwebet/
Machet selber seinen tag!
Sie der arbeit vberhebet
Folget seinem wagen nach.
Er die beste baanen reyset/
Zeiget ihr den besten lauff/
Auch die längste strassen weiset/
Sie dan lasset wider auff.
13 Er erleuchtet auch die nachten/
Heißt die sternen dannen gahn/
Löset ab von ihren wachten/
Setzet andre liechter an/
Seine groß- vnd kleine wunden/

Er im Himmel setzet ein;
Sie da werffen glantz hinunden/
Leuchten mit gantz rohtem schein.
14. Vnder dessen er die seinen
Auch besuchet offtermahl/
Laßt in ihren hertzen scheinen
Manchen süssen frewden stral.
Sie mit jubel vberladen/
Wegen seiner widerkehr/
Nur in lauter lüsten baden/
Ihm der vrstend dancken sehr.
15. Jesu/ dir nun deine Kinder/
Dir die wachsamb hirten-zunfft/
Dir die schäfflein/ dir die Rinder/
Dancken deiner widerkunfft.
Dir die böcklein/ dir die geissen/
Dir die zarte Lämmerlein/
Hin vnd wider vngeheissen
Hupffen springen in gemein.
16. Schaw die schäfflein ihre wollen
Dir zum wilkom bieten dar/
Vnd mit brüsten auffgequollen/
Dancken dir der weissen waar/
Sie nun deiner mit verlangen
Warten auff gemahlter weid/
Vnd mit lüsten sehr befangen/
Wären gern von dir geleit.
17. Sie zu deiner stimm gewöhnet/
Kennen deinen Hirten-steck:
Keine wölff so starck bezähnet/
Dir sie werden reissen wegk.
Schöner Jesu/ kom zur weiden/

Führ die zarte Läümmerlein;
Hirt der Hirten komb zur Heiden/
Führ auch ihre Mütterlein.

Am H. Fronleichnams Fest / von dem Hochwürdigen Sacrament deß Altars.

1. RIcht auff/ du purpur morgen-Stund
Die Stirn/ besteckt mit Rosen:
Vns laßt von edlet Speisen rund/
Zum Frühstück zeitlich kosen.
Die Tauben reine Töchter schön/
Von Syon wol entsprossen/
Zugleich wird heben ihr Gethön
Mit vns gantz vnverdrossen.

2. Fast hoch wil heut gepriesen seyn
Ein Tracht von gelben Aehren/
Ein Kern vnd Marck von Weitzen rein/
Ja wils noch bas erklären:
Ein Brodt/ nit Brodt/ gantz leben-reich/
Darinn ward lebend gessen/
Der vngleich bey den Zwölffen gleich/
Zum Abendmahl gesessen.

3. Der Herr zur letzten Taffel saß/
Er sechster selb vnd sieben:
Manhu? Manhu? was da? was das?
Nim war was Er getrieben.
Er nahm das Brodt / nahm auch den Wein/
Vnd gabs den Tischgenossen/
Verwandlets in den Leichnam sein/
Ins Blut/ für vns vergossen.

4. Das Brodt/ ich sprich/ den Weitzen-schnee
Nahm erstlich Er zun Händen/
Ers ihnen reicht/ vnd thät es geh

Zum waren fleisch verwenden:
Hernach den wein/ den rothen safft/
Reicht ihnen gleicher massen/
Durch nur im wort verfaste krafft/
In wares blut zerlassen.
5. O lieb/ du viel zu starck/ vnd groß!
Hast frey mit Gott gerungen/
Hast ihm durch süssen hertzen stoß
Groß wunder abgedrungen
Das Ewigwort/ mit kurtzem wort/
Brodt/ Wein in sich verwandlet/
Vnd tranck vnd eßbar beider sort/
Sich selbsten hebt/ vnd handlet.
6. Dan weiters auch/ was Er volbracht/
Nach ihm wolts hinderlassen:
Er gab den zwölffen selbe macht/
So mit zur taffel sassen.
Von ihm hernach han wirs ererbt/
So durch den Priester segen/
Mit gleichen worten vngeferbt/
Vns gleicher that verwegen.
7. In Christi Leib/ wir/ Wein vnd Brodt/
Gantz wesentlich verkehren:
Betrachten seine Pein/ vnd Todt/
Wol offt mit warmen zähren.
Zum Opffer groß wirs tragen auff/
Biß wo sich kehrt/ vnd wendet
Die gülden Post in stärem lauff
So liecht/ vnd stralen spendet.
8. Wo früh die Sonn gleich rühret an/
Der morgen roß mit sporen/
Vnd wo zu nacht von weisser baan/

Sie reit zum schwartzen Mohren /
Dem höchsten man / zu lob vnd preyß /
Das opffer groß erweiset /
Vnd wird der Leichnam schwanen-weiß /
In gantzer Welt gespeiset.
9. Substantz / vnd wesen brod- vnd weins
Zum Leib sich vberleiben:
Doch brod vnd wein / von aussen scheints;
Die zufäll je noch bleiben:
Geruch / geschmack / farb / vnd gestalt /
Sich frisch noch lassen finden /
Als wie vom wesen abgespalt /
Nur blosse schal / vnd rinden.
10. Gestalten beyde näck / vnd bloß
Wie wein / vnd brodt gerůndet /
Seind wein / vnd brodt / vnd boden-loß /
Vnd stehn ohn grund gegrůndet.
Ja drunder noch versteckt / vermummt /
Gott selb sich helt verschoben:
Für wunder / Erd vnd meer erstummt /
Vnd Lufft / vnd Himmel droben!
11. Was vor es war / ist nun nit hie /
Die ding seind vnderscheiden /
Wie vor dochs war / so bleibets je /
Der schein ist gleich an beyden.
So schmäckt man da / was nit mehr da /
Was lang verzehrt vom segen:
Nit schmäckt man da / was warlich da /
Von fleisch / vnd blut zugegen.
12. Den Leib man lieblich niessen thut /
Nur nichts in Leibs gestalten:
Vnblůtig nimbt man wahres blut /

Kein sinn für blut kans halten.
Es alles ist verdunckelt gar;
Vnd wie die Kirch vns rühmet/
Mit frembder form/ vnd schein fürwar
Gantz oben hin verblümet.
13. Wer nun in Bluts gestalt verdeckt/
Gott-Mensch/ wer da verborgen/
Er auch in Weins gestalten steckt;
Leg ab die wanckel sorgen:
Du mehr nit auch in beyden gleich/
Als nur in ein kanst niesen;
Die stücklein seynd auch eben reich/
Vnd eben weit erspriessen.
14. Wan schon in zarte Brösamlein
Der Brodt-schein wird zergrümmlet;
Von Christi Leib doch sag ich nein/
Er drumb nit wird gestümmlet.
Im gantz vnd halben eben gantz/
Ist gantz/ in groß- vnd kleinem:
Vnd leuchtet dieser Sonnen-Glantz
Nit vielen mehr als einem
15. Der lebend Leichnam vnzertrennt/
Zugleich im Himmel droben/
Zugleich ist aller ort vnd end/
Wo jenes Brodt erhoben
In vielmahl tausent Kirchen dan/
Auff mehr/ vnd mehr altären/
An so viel ort/ vnd stellen man
Von Christi Leib mag zehren.
16. Zu gleicher zeit/ zu gleicher frist/
In tausent viel oblaten/
Auff einmahl einer vielmahl ist;

O wohl der wunder Thaten!
Der Glaub allein es freylich sicht/
Der Sinn gibt gar verlohren;
Noch Händ/noch Augen greiffens nicht/
Verstandt mags nie durchbohren.
17. Vnd zwar wers niesset vnbereit/
Ich sags mit wahren Worten/
Vom frech/vnd hochmuth wird verleit
Zum Todt vnd schwartzen Pforten.
Hingegen wer sich prüfet vor/
Vnd dan der Speiß geniesset/
Man ihm die schöne Thür vnd Thor
Zum Leben weit erschliesset.
18. Ey da dan last vns diß Gericht
In Demuth hoch verehren/
Vnd nider Halß/vnd Angesicht
Zur Erden tieff beschweren:
Vns laßt das Heilthumb vnd Monstrantz
(Weil Ketzer es verhöhnen)
Mit manchem schönen Blumen-krantz
Nach aller Andacht krönen.
19. Vns last mit zartem Rosmarein
Die Rosen roth vermählen/
Die Lilgen auch mit schnüren ein/
Der Näglein auch nicht fehlen.
Vns last die Straß/vnd Gassen all
Erfrischen aller wegen/
Mit lind-gestrewtem Blätter fall/
Mit trucknem Blumen segen.
20. Lost Harpff vnd Lauten hoch gestimmt
Mit süssem schlag durchstreiffen:
Mans nimmer doch/was Gott gezimmt/

Mit

Mit Noten wird ergriffen.
Gelobet sey das Manna zart/
Von oben abgerissen/
Sey Gott/von dem es geben ward/
In Ewigkeit gepriesen.

Die Gespons JEsu erweckt die Vögelein zum Lob Gottes.

1. Wacht auff ihr schöne Vögelein/
Ihr Nachtigalen kleine/
Die ihr auff grünen Zweigelein/
Noch eh die Sonn recht scheine/
Stimmt an die lautbar schnäbelein/
Gedräht von Helffenbeine.
2. Her/her/gefedert Schwesterlein/
Euch samblet zur Gemeine/
Blast an die beinen Pfälterlein/
Ihr sämbtlich keusch vnd reine.
Lobt Gott/lobt Gott/ihr Vögelein/
Ihr/ihr/vnd all die seine.
3 Lobt Gott/ihr süsse Schwetzerlein/
Ihr Nachtigalen kleine/
Ihr Lufft vnd Wolcken-Sängerlein/
Für ihn bestelt alleine:
Mit euch zum besten Liedelein
Ich Harpff vnd Laut vereine.
4. Ich euch zu lieb/ihr Pfeifferlein/
An holer Eichen leine/
Vnd euch die wilde Färbelein
Mit Wort klar bescheine;
Last gahn die klingend Stimmelein/
Zum tieffen Wald hineine.

5. Di

Da seynd viel klare Brünnelein/
Gefast in Marmelsteine/
Dort netzet vor die Züngelein/
Nach Ordnung ein/ vnd eine;
Da spület Hälß vnd Gürgelein/
Drauff besser singt ihr Kleine.

6. Den Tact gebt mit den Flügelein/
So schickt sichs recht/ ihr Feine;
Auch frewdig schwingt die Federlein/
Wegt Aermelein vnd Beine/
Erstreckt zum Klang das Hälselein/
Ein jedes thu das seine.

7. Habt ihr kein sonders Liedelein/
So lernet nur das meine/
Ist gnug mit einem Seufftzerlein/
Man darff der ander keine.
Singt nur allein: Gelobt sey Gott/
Gott Sabaoth alleine/

8. Zu tausentmahl gelobt sey Gott/
Gott Sabaoth alleine:
Zu tausent/ tausent/ tausentmahl
Gott Sabaoth alleine/
Vnd dan noch tausent/ tausentmahl/
Gott Sabaoth alleine.

9. Singt nur diß eintzigs Liedelein/
Das stücklein das ich meine:
Singt/ singt/ vnd klingt/ ihr Vögelein;
Dan ich vor Frewden weine.
Bin wund von süssem Liedelein/
Was hilfft daß ichs verneine?

10. Fligt hin durch alle Wäldelein/
Bleibt Tag vnd Nacht beyn eine/

Singt

Singt immer nur diß Liedelein/
Bey Sonn vnd Mone schein/
Gelobt sey Gott/ Gott Sabaoth/
Gott Sabaoth alleine.

11. Sonn/ Mon/ vnd Lützel Sternelein/
Wie gäntzlich ich vermeine/
Mit sampt der Erden Pflåntzelein
Laub/ Graß/ Busch/ Heck/ vnd Zäune/
Thun werden ein schöns Täntzelein
Daß Höll vnd Teuffel greine.

12. Frewd bringen wirds den Engelein/
Den bösen bringt es Peine;
Drumb singt ihr schöne Vögelein/
Ihr Nachtigalen kleine/
Also will Gott gelobet seyn/
Gott Sabaoth alleine.

13. Gelobt sey Gott/ Gott Sabaoth
Singt tausentmahl alleine/
Gelobt sey Gott/ Gott Sabaoth
Noch tausentmahl alleine;
Vnd dan noch tausent/ tausentmahl/
Gott Sabaoth alleine.

Register.

Anfang jeglicher Ode. Pag.

ENDE.

www.ingramcontent.com/pod-product-compliance
Lightning Source LLC
Chambersburg PA
CBHW021216270326
41929CB00010B/1150
* 9 7 8 3 3 3 7 7 1 1 4 6 7 *